JN206862

遠野みらい創りカレッジ

樋口邦史＝編著

SDGsの主流化と実践による地域創生

まち・ひと・しごとを学びあう

水曜社

本書刊行にあたって

　東日本大震災以降、内閣府主導による地方創生或いは地域活性化に関わる事業が加速されてきました。具体的には、全国の自治体に対し「まち・ひと・しごと」総合戦略の企画立案を推進し、自立した地方の活性化を進んで支援するなど、地域に活力を与えながら成長を実現しようとするものが中心となりました。さらに、二の矢として発表されたのが、「SDGs；Sustainable Development Goals（持続可能な開発目標）」の主流化をめざした地域活性化推進策です。しかし、巷では「SDGsって何？」、企業や自治体は「具体的に何を、どのように進めたらよいのか？」と困惑しているのが現実のようです。

　それを受けてのことでしょうが、国や県はSDGsの普及に躍起になっています。そして、それを支援する多くの代理店やコンサル会社の活躍ばかりが目立ちます。東京オリンピック招致を普及する活動でも感じたことですが、決定事項を受けた企業組織や地方自治体が、中央の動きに追従できないようでは正しい政策実現が推し進められません。そこで本書は、「SDGsを掲げた企業力強化や地方自治体の実践的な地域活性化の進め方」の具体例を示しつつ、普及活動のその先にあるSDGsを掲げた地域活性化実践のための論理とその評価方法の一部をご紹介することを目的の1つと致しました。

　さて、このSDGsですが、当初は企業組織に対して国連が付与・期待した行動目標であり、地方自治体までに展開されるのは一定の時間が必要だとの議論もありました。しかし、現在、神奈川県の黒岩知事が旗振り役となり、「いのち輝く神奈川」の実現に向けてSDGs未来都市に選定されるなど、SDGsを主流とした地域活性化に関する新たな取り組みが始まっています。SDGsは17の代表的な目標を掲げていますが、「No.4；Quality Education（質の高い教育をみんなに）」や「No.11；Sustainable Cities and Communities（住み続けられるまち創り）」などは、大震災からの復興をめざす被災地だけではなく、消滅危機と評される全国の地方都市においても、政策目標の主流となり得るものです。

　日本で生き抜くということは、自然災害と向き合い、それを克服していくこと

にほかなりません。度重なる豪雨による土砂災害や洪水。火山噴火や場所を特定できない断層のゆがみによる直下型地震。そして、今後50年以内には南海トラフに起因した大規模地震による津波災害が予測されるなど、私たちは息つく暇もないほど災害に向き合い、その被害からの克服を余儀なくされています。従って、"災害に強い"或いは"被災してもしなやかに立ち上がることができる"まち創りの実践的な活動は、まさにNo.11の具体的な取り組みとして、日本全国の都市や地域がめざす姿のベースになるに違いありません。

東日本大震災の被災地である岩手、宮城、福島の三県は、他県に比べて第一次産業の産業シェアが高い県として知られています。東日本大震災では、このような日本全体の食料供給地域が甚大な被害を受けてしまいました。実際の被害額は、金額にして2兆3,000億円程度といわれています。阪神淡路大震災の農林、水産の被害額900億円と比較しても、被害の大きさがよくわかります。特に津波による被害が大きく、漁業はだいたい1兆2,000億円くらい。農業が8,000億、林業が2,000億くらいの試算になっています。

元来、この地域は少子高齢化が進み、農林水産業の後継者問題は深刻でした。TPP対応に向けた事業改善が遅々として進まないなか、そこに津波被害、さらには放射線関連被害からの復旧復興対応が追い打ちをかけました。この3県の一次産業の現状からの脱出についての道筋は未だ不透明ですが、異業種が連携して被災地域の企業や行政、そして研究組織とプロジェクト活動を進めることが求められてきました。具体的には、岩手大学が釜石キャンパスをオープンし、産官学で研究を進めていくなど、やっと具体的な動きがみえてきたといえるでしょう。

このような、産官学民連携による活動は被災地だけではなく、例えば、私たちが進めてきた「みらい創り」という、社会課題を解決しながら企業価値を高めていく実践的な活動に形を変えて、日本各地へと着実に伝播・発展しています。企業の研究組織においても、このような社会課題の現場にイノベーションの種があるということが理解され、実践的な研究への取り組みが進んでいるのです。

2015年9月に発刊いただいた『地域社会の未来をひらく』では、自然災害に立ち向かった遠野市の先人の知恵を主題とし、ここに暮らす人々が互いに

助けあいながら被災地支援を続けてきた姿を描くことができました。その過程において、産官学民の総意を得て設立されたのが「遠野みらい創りカレッジ」です。そして2017年3月に発刊いただいた前著『学びあいの場が育てる地域創生』では、「遠野みらい創りカレッジ」で取り組まれてきた「対話」に代表されるコミュニケーション技術そのものをご紹介し、その技術を用いて実践されてきた地域活性化、或いは地域創生に必要な実践的手法と論理を示すことができました。

　このように、私たちは未曾有の大災害への対応から、大変多くの事柄を学ぶことができ、後方支援拠点などの研究を積極的に進めることができました。その立場は変わるものではありませんが、未来の日本のために、震災復興の先にある「さらに具体的な実践の論理を示す必要があるのではないか」と考え、第3作目として本書の企画・製作・発刊へと前進した次第です。

　沿岸被災地に8回目の初夏が訪れようとしています。復興支援もSDGsも、「誰一人として取り残さない」ことが大切です。そのために、企業は新しい事業創造を、そして地域社会は新たな「まち・ひと・しごと」創造を実現するために「SDGsをどのように設定し達成すべきか」という戦略や政策へ転換していく必要があります。しかし、それを自組織や行政の力だけに頼むのには限界があります。その実践と定着化には、企業組織であれば他企業や地域社会、或いは研究機関と連携を図ること。そして、地方自治体であれば企業組織や大学などの研究機関を巻き込みつつ、コミュニティ組織とも積極的に連携することが必要なのです。産官学民の協働的実践活動の論理と方向性を表すことを、私たちは第1作目から愚直に実践してまいりました。前著にも増して、新規ビジネス創造や地域活性化に挑み続ける多くの皆様の参考になることを願ってやみません。

2019年6月吉日

一般社団法人 遠野みらい創りカレッジ

代表理事 樋口 邦史

本書刊行にあたって

3章

稼げるまち創りに向けた"カレッジ進化論" ……………… 77

4章

地域のしごと創りを支える 資源価値評価とその展開 ……………… 103

5章

企業の“みらい創り”に必要な
戦略と評価方法

あとがき

住み続けられる「まち」を支える
「ひと」「しごと」の創造

‖ まちぐるみでの取り組み

　震災後8年を迎えた東日本大震災の被災地では、多くの方々の協力により多様な復興の形が具現化されてきました。岩手県釜石市では、最も被害の大きかった鵜住居地区に国際的なラグビー場が完成しました。2019年9月には日本ではじめてのラグビーワールドカップの2試合がここで開催されます。また、陸前高田市では海岸線の盛土がほぼ終了し、大規模な商業・緑化区域の完成が待たれています。

　このように、津波による被害にあった市街地区域を中心に再整備は着実に進んでいます。しかし、空き地が点在する旧商店街や新設された商業エリアには、人の姿もまばらです。住民が戻らず、地域コミュニティが成立しない地域も多いといいます。また、高台などの再整備された区域の公営復興住宅への移転が進みつつあるその一方で、新しいコミュニティ形成が困難な状況が続いているとの報告があります。そして、そのコミュニティでは安全安心な医療・福祉環境や新たな生業の創造などの"暮らしの復興"がままならない状況が続いている、これもまた被災地の現実です。今まさに、誰もが住み続けられる「まち」、そこでの「ひと」や「しごと」創りが、真に求められているといってもよいでしょう。

　一方、日本全国における「まち・ひと・しごとの創造」には、文字通り「まちぐるみ」で取り組んだり、今流行りの民間との連携（協定）のもとで、課題の解決に取り組んだりしている例など、枚挙の暇がありません。しかし、その取り組みは行政側の旗振り役の交代や引退でしぼんでしまったり、企業や大学の撤退で停滞してしまったりと、継続的な活動の推進や発展が困難であるこ

とがわかってきました。

　このような、難題や難局にどのように立ち向かい乗り越えたらよいのか、本書のテーマは、まさにそこにあります。企業（産）、行政（官）、学術（学）、コミュニティ（民）のニーズが乗じる形での協働的な実践活動を継続させていくには、どのような理屈や意思決定、そしてリーダーシップやコーディネート力が必要なのか。それはどのような形で実行されるべきか。そして、その成果ともいえる持続可能な「まち・ひと・しごと」創りには、どのような創意工夫が必要なのか、という疑問に応えるものです。

‖ 被災地域の再構築

　東日本大震災及び原発事故によって失われた福島県浜通り地域等の産業基盤の再構築をめざし、廃炉やロボット技術に関する研究開発拠点の整備をはじめ、再生可能エネルギーや次世代エネルギー技術の積極導入、先端技術を活用した農林水産業の再生、最新医療技術の開発や未来を担う人材の育成、研究者や来訪者に向けた生活環境の確保や必要なインフラなどさまざまな環境整備を進める国家プロジェクト“イノベーション・コースト構想”が進んでいます。

　しかし、原発事故に関連する被害には特筆すべきものがありました。その被害には、長期化する実体的な被害のほかに、放射線量を測ると問題ない数値なのですが、不安なので食べられないといった心理的な被害が発生してきました。加えて、いわゆる風評被害というものが、ボディーブローのようにこの地域の生産者を苦しめてきました。そこで岩手県や福島県では、2020年を当面の目標として、前述の各プロジェクトを強く推進してきたのです。具体的には、北上や浜通り地域が新たな産業革命の地となり、被災県全体の復興、ひいては日本の地域再生のモデルとなることをめざしているのです。

　しかしながら、これらの地域はいまだに復興が進んでいない地域を沿岸に抱えています。そして浜通り地域には未だに帰還困難区域があります。失われたコミュニティの再形成はまったく進んでいないのです。これらの地域が真の復興拠点あるいはイノベーション・コースト構想の拠点になりうるのかは、

ハードだけではなくソフト面の再整備の実践が必要なのです。

そのためには、外部からインキュベートという形で、新しく企業や人に入ってもらうことが大事だとの指摘があります。そして、それを進めていくための交通手段、住居環境、交流人口の拡大、志のある多様な人材の支援等々、新たに入ってくる方々をどう浜通りの方に入れていくかということは重要な課題だと認識されています。

このような構想を具体的に進めるためにも、産官学民が知恵を出しあい、独善的な活動にしないで地域の再生を進めることからスタートする必要があると私たちは考えました。特に私たちが所属するような企業や行政組織は、今の事業が永続的に成長または賛同を得られるという妄想は捨て去り、持続可能で社会課題に向き合えるような新たな目標を持つ必要があることは内閣府の提言からも読み取れます。これらは、震災後に私たちが特に深く学んだことです。

‖ ビジネス創造とまち創り

具体的には、自立した民間が現状認識に基づいた持続可能な社会を生み出す新たな目標を掲げつつ、ビジネス（＝稼ぎ）創造に真剣に向き合うこと。そして新たなまち創りを推進しようとする行政が、規制緩和などの権限を行使したり、時に地区を越えた協力関係を強化したりしながら、現実的で協働・協調的な事業を創り出していくこと。つまりこの両輪の活動が効果的かつ継続

写真1　早稲田塾「グローバル企業経営塾」の Field Work の様子
遠野市の空き家を実際に訪問調査する塾生

的に回ることが必要であると考えたのです。それがSDGsを掲げた「まち・ひと・しごと」創りの実践なのです。遠野みらい創りカレッジでは、首都圏の企業と連携して、高校生によるSDGsの主流化を狙ったField Work（写真1）を5年間に渉って開始しています。

　平成29年12月22日に閣議決定された「まち・ひと・しごと創生総合戦略2017改訂版」において、「地方創生の一層の推進に当たっては、持続可能な開発目標（SDGs）の主流化を図り、SDGs達成に向けた観点を取り入れ、経済、社会、環境の統合的向上等の要素を最大限反映する」とされています。「遠野みらい創りカレッジ」に代表される学びあいの場は、産官学民のプロジェクト的な活動として、実践的な協働作業へと発展しています。そして、それを日本全国の地域創生へと生かしていく「みらい創り」活動が生み出され、この活動はグローバルに展開されようとしています。まさに、SDGSの主流化が実践されているのです。

　そして岩手県遠野市でのこの活動は、神奈川県南足柄市、北海道の白老町、長崎県の壱岐市、そして山梨県の都留市などへと広がっています。これらのコミュニティネットワークが、次世代を担う若者を中心に、地域の行政、首都圏の企業、大学などの研究機関との交流を通じた学習から、短期的な成果としての共通価値を創出します。その結果、多くの地域のリーダー的人材が輩出されることで、中長期的な成果として主体性の高い地域創生につながるのです。

‖ 本書の構成

　このような人材育成をグローバルに広げるためにも、異業種間連携を高め、これまで前例がない活動にチャレンジし続けなくてはなりません。そのためには、しっかりとした論理に基づく「まち」創りの進め方が必要です。従って、本書ではこの「まち」創りに必要な論理を基軸・起点とするために、冒頭の1章で科学的な誰もが住み続けられる「まち」創りの論理を示すことにしました。しかし一方で、その活動を推進・リードする人材を育て、新たな産業やサービスを生み出していく協働的な実践活動をどのように進めたらよいのか。これもまた悩ましい問題です。そこで、2章では「まち」創りに不可欠な「ひと」創り

の進め方の具体例を示すこととしました。それには、遠野みらい創りカレッジで新たに検証されている"質の高い教育環境構築"をベースとした「ひと」創りの実践活動に焦点を当て、詳しくそのプロセスをご紹介しています。そしてさらに、「ひと」が交流しあい、連携しあって実践される"産業と技術革新の基盤"を軸とした「しごと」創りの事例を3章、及び4章で、それぞれ行政と研究者の視点で記述しました。地域社会がどのように協働しながら生業（なりわい）を創造していけばよいのか、そしてその結果として、陸の豊かさを皆が享受できるための具体的な進め方を示すことができたと考えています。

そして最終章で企業が組織的にSDGsを掲げた企業のCSR経営や地域の「みらい創り」活動を進めていく上で必要な"企業戦略とその評価方法"を示すことで、本書のまとめとさせていただきました。「まち」創りの論理をベースに検証される「ひと」創り、そして、その協働的な実践活動を通じて獲得できる「しごと」創りの進め方やその評価方法は、企業や行政によるSDGsの主流化を狙ったオープンイノベーションの推進に有益なものとなるはずです。

‖ SDGsの主流化による地域再生

かつて、内閣府が地方創生を目的に「まち・ひと・しごと総合戦略」の策定を全国に指示・展開されたことは皆さんのご記憶に残っていると思います。多くの自治体はその策定段階で大いに悩み、内外にその支援を求めざるを得ませんでした。しかし、その出来上がった内容に独自性や先進性がどれだけ見られたでしょうか？　そして今、その実践と成果が求められています。本書の論理やSDGsを達成するための実践事例、その評価方法が、行政関係者だけでなく、産業界、教育界、そしてコミュニティ組織の皆様の協働的な実践活動、に、少しでも参考になれば幸いです。

私が暮らす神奈川県と横浜市はSDGs未来都市に選出され、この地域の持つ「強み」を生かして、経済・社会・環境の三側面において、まち創りに必要な資源の好循環を生み出しながら、コミュニティ機能を強化するための取り組みを推進するなど、未来に向けた都市創りに躍起となっています。

その指標として社会、環境、経済をあげ、社会面では、超高齢社会を乗り

越える取り組みとして、「ヘルスケア・ニューフロンティア」政策により、高齢化対策・健康と産業・技術との融合を進め、健康寿命の延伸及び新産業・新市場の創出に取り組んでいます。また、環境面では、東日本大震災での甚大な被害を踏まえ、地域における新たなエネルギー体系の構築に向けて、「かながわスマートエネルギー計画」を掲げるなど、エネルギーを軸に、SDGsの主流化を進めています。そして、経済面では前述の社会や環境面での新たな課題やニーズを掘り起こし、これらの社会課題対応から新たなビジネスモデルの創造を軸とした「持続的に経済のエンジンを回していく」ことを検討しています。

　神奈川県を先進事例とし、全国でSDGsの主流化、即ち持続可能な開発目標を掲げた「地域活性化」が進められています。その実現のためには、本書が提示するSDGs主流化を支援する「まち」創りの論理。そして、それを支える「ひと」と「しごと」創りの実践例、そしてその活動の社会的インパクト評価方法が必ずや役に立つと考えています。

イノベーションを起こす
協働のまち創りの論理

科学的で持続可能な“まち”創りの進め方

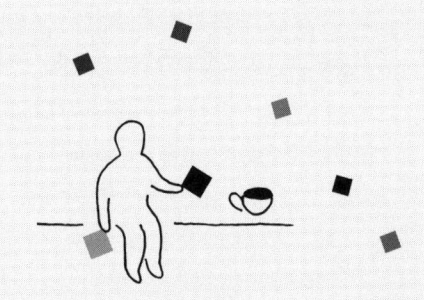

学びあいの「場」、遠野みらい創りカレッジは、コミュニケーション技術を用いて発見された課題を解決すべく参集した多様な関与者間の総意形成によって、2014年に設立された。それ以降、プログラム開発には多くの費用と時間をかけ、人材育成、地域課題解決、後方支援拠点研究、そして産業振興などの普遍的プログラム（コンテンツ）を開発し、参加者から費用をいただく収益モデルを構築してきた。しかし、昨年度から、開発したコンテンツの他地域への販売というビジネスと、これまでの地域との関係性を活かした「企業や研究団体によるリビングラボ」支援事業を企画。これまでにはない、地域貢献型の収益モデルの開発に成功した。

本章では、前著で紹介した"協働の「場」の創造"を振り返りつつ、地方都市でのタクティカル・アーバニズムの実践と「みらい創り」活動の評価を実施し、それぞれの相乗効果によって得られる科学的で持続可能な"まち創り"の論理構築を試みている。

1：カレッジで進化する科学的で持続可能なまち創り

　遠野みらい創りカレッジは、2019年4月で開校6年目を迎えることになりました。おかげさまでその間、プログラムの設計・開発・運用面で着実に進化を続けることができました。特に、高校生と大学生が学びあうプログラムにおいて、遠野市内の農林業、そして健康福祉の現場へのField Workが、各方面のリーダーのご支援やご協力で、質量ともに実に多様で多彩な内容へと進化を遂げることができました。

　例えば、林産資源の伐採、製材、加工、販売までの、いわゆる川上から川下に至るサプライチェーン内就業者へのヒアリングを中心としたField Workによって、遠野の林業の課題を確認できるようなプログラム設計と運用が可能になったことが、具体的な進化としてあげられます。図表1では、そのField

Workにご協力いただいた皆さんと、その分析結果を示しています。

さらに、高校生や大学生が福祉や介護の現場に出向き、福祉行政の現状と課題に触れることができるようにもなりました。実際その現場を覗いてみると、参加者と地域の皆さんとの距離がこれまで以上に縮まり、両者の共通価値が手に取るようにわかることも稀ではありません。それは、名実ともに私たちが社会課題に触れるように学びあい、関係者間での協働的な実践活動を通じて課題解決を実現する「みらい創り」活動が着実に推進されてきたことを表しています。なぜそのような Field Work のデザインや実践が可能になったのか。そして、それはどのような論理で実践されているのか。本章ではそれを丁寧にご説明していきます。

図表1　林業調査関係者と分析内容

業者間の木材（原材料、製品、廃棄物）取引フロー図

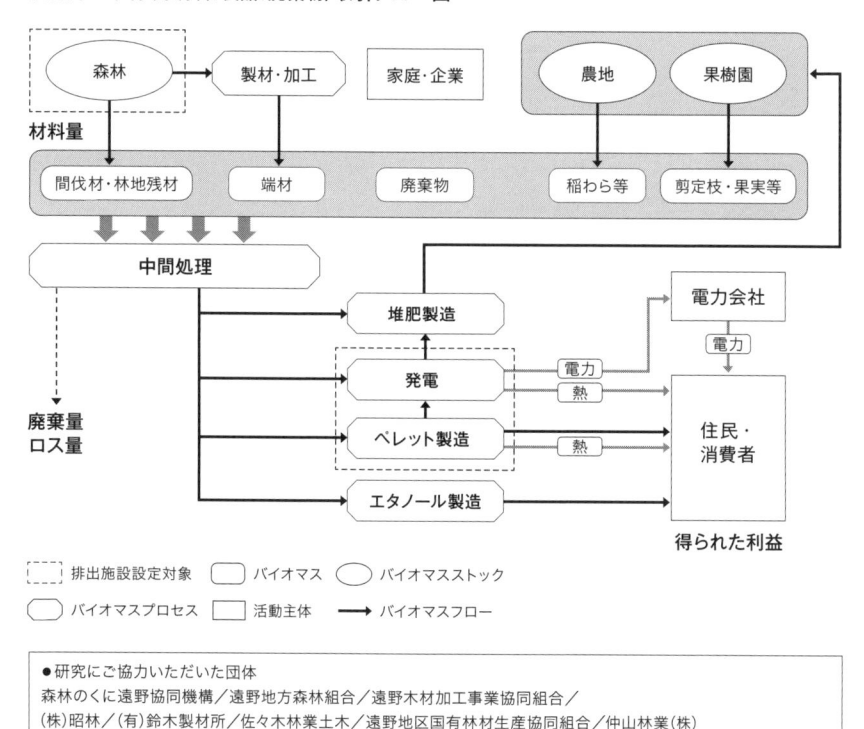

● 研究にご協力いただいた団体
森林のくに遠野協同機構／遠野地方森林組合／遠野木材加工事業協同組合／
（株）昭林／（有）鈴木製材所／佐々木林業土木／遠野地区国有林材生産協同組合／仲山林業（株）

さて、その一方で、企画面でも大きな進歩がありました。それが、本章の中心テーマの１つであるリビングラボ[*1]の受け入れと実践支援です。リビングラボとは、研究のFieldとなる地域の生活者のニーズを拾い上げ、そのニーズに沿って企業組織が自社のみならず、地域企業やコミュニティ組織と連携してサービスをデザインしていく研究手法です。特に、このコミュニティ組織と一体で進める研究は、生活者自身が自覚していないような潜在ニーズを掘り起こし、競争優位的な商品だけでなく共創的な商品やサービスを生み出す可能性があるとされています[*2]。私たちが震災後に協働の場創りとして進めてきた「みらい創り」キャンプも、概ねこのリビングラボの範疇と言えるでしょう。

　リビングラボにおける一般的な検証方法は、サービス開発の初期段階から、ユーザーをインボルブさせ、サービスアイデアの創出、タッチポイントのデザイン、プロトタイピングといった一連の流れを継続的かつ共創的に行っていくものです。遠野市においては、中心市街地活性化などの「まち」の軸、若者や高齢者の方々などの「ひと」の軸、林業や六次産業などの「しごと」の軸、つまり多くの自治体で取り組まれている「まち・ひと・しごと」の軸で検証が進展しているのが特徴です。

　さて、前段で述べたField Workを中心としたプログラムの設計、開発、運用の進化について、新企画であるリビングラボの企画と実践と併せてご説明していきますが、これらの設計から実践には運営組織に一定の投資が必要となります。それは、人の工数に期間を乗じたものと等しく、同じ期間の管理コストも必要となります。それは、カレッジの進化をめざした「みらい創り」への投資と言い換えることができます。さらに、リビングラボを設計して実践する企業組織だけだはなく、受け入れるカレッジを含む地域にも、同様に投資や管理コストが発生します。そして、その投資や管理を調整するのが各々の総合プロデューサーであり、その権限はローカルの場で行使されます。

　わかりやすく言うならば、今年度から受け入れを始めたリビングラボとは、私たちがこれまでしてきた「みらい創り」キャンプを、他の企業や研究組織が遠野を実験フィールドとして計画的に投資をする地域研究活動であり、遠野みらい創りカレッジ或いは遠野市は、その投資の対象となるわけです。そこで、遠野みらい創りカレッジでは、これまでの私たちの活動も踏まえてその投資を

効果的なものへと調整、変換していくため、新たに研究やサービス開発を熟知した成員を、テクニカル・コーディネーターとして配置し、リビングラボの実践をサポートするという工夫を講じることとしました。

外部からの投資をお受けする以上、私たちはしっかりとそれを受け止め、よりよい成果に結びつけるお手伝いをしなくてはなりません。テクニカル・コーディネーターはそのために必要な投資（あるいはコスト）である一方、カレッジにとっては新たな収益源（運用・調整費）を創出させる人的資源と位置づけられます。学びあいの"場"ができる過程においてはコミュニケーション・コーディネーター[*3]が、地域や組織との調整や連携役を一手に引き受けるのに対し、その"場"に投資をされる企業や研究組織に必要なのは、投資内容を技術的に理解し、地域におけるリソースを取りまとめて検証や実証実験をスムースに実践させる技術（者）になります。そこで、遠野みらい創りカレッジでは、意図的に富士ゼロックスの技術者をテレワーカー[*4]として駐在させて、外部からのリビングラボ支援のためのコーディネーションを実施し、依頼元の企業や研究機関の活動のサポートをしているのです。

現在カレッジでは、このテクニカル・コーディネーターが中心となり、リビングラボの品質管理だけではなく既存プログラムのFiled Workの設計から運用を実践しています。その結果、既存Field Workの品質が保たれるほか、リビングラボへの参加者を中心に、企画側と受け入れ側の交流が促進されているのです。しかし、このような工夫を凝らしたり、カレッジのプログラムを進化させたりするのには、前述のように一定の期間と工数が発生します。そこで、本章ではまず、遠野みらい創りカレッジにおけるいわば"投資の連続性"を、カレッジ設立から現在に至る時間軸において、「みらい創り」活動の効果と成果を中心に検証しました。そして、そのような「みらい創り」活動の進化の過程で企画されたリビングラボなどの新たな取り組みが、一般的な「まち・ひと・しごと」創りにどうすれば利活用できるのか。これまでの活動の検証結果を基に、「みらい創り」活動と、これまで遠野で実践されてきたタクティカル・アーバニズム[*5]との効果的な連動性に関する論理を導き出すことといたしました。

2：まち創りに必要なプログラム開発の進化の歴史

　まずは、みらい創りカレッジ開校からプログラム開発に至るプロセスを明確かつナラティブに記述することで、「みらい創り」活動に企業の研究組織が取り組む意義について整理してみたいと思います。それはいうなれば、外部組織による「まち創りとその進化の支援」と位置づけられるでしょう。

　まずは開校前の「みらい創り」キャンプの実践過程ですが、2名の技術者が交代で遠野市に駐在する、現在のテレワーク形式でのキャンプを1年間実施しました。その後、1名のコミュニケーション・コーディネーターを中心に、およそ1年間カレッジ設立準備にあたりましたから、いってみれば2年間のリビングラボを経て「遠野みらい創りカレッジ」という事業を立ち上げるに至ったといってよいでしょう。ここまでは、復興支援に関連する企業組織による社会課題に向き合うための先行投資時期、いわば“カレッジ創世期”と言ってよいでしょう。（詳細は前著『学びあいの場が育てる地域創生』参照）

　開校年次に当たる2014年度以降は、遠野市の一般会計予算から事業委託を受け、9つのプログラムを明示して参加者を募りました。現在カレッジで利用している設計手法「共通価値中心設計*6」が定着したのが2016年度（3年目）ですから、初年度からの3年間はプログラム定着化のために、富士ゼロックスの社員が遠野市内や被災地域を走り回り、関係性の構築やField Workの設計に邁進していました。

　開校からの3年間で合計してみますと、遠野市からは事業委託費として一般会計予算から約1,500万円、そして国（内閣府や総務省）からの補助金として、拠点整備とIT化投資で約1億円を頂戴し、閉校になっていた中学校を官民一体となって、プログラムの提供が可能な施設へとリノベーションが進められました。この時期が“カレッジ第I期”といえます。そしてその3年間でほぼ完成したのが図表2のプログラムなのです。

　開校から3年間で企業（富士ゼロックス）としてはおよそ5人月程度の工数をかけ、プロジェクト型の開発を実践していたことになります。これを多いと見るか、少ないと見るかは判断が分かれるところでしょう。しかし、3年目以降は現地に管理者を配置し、遠野市からは1～2名の研修生を継続的に受け入れ

図表2 2018年度の遠野みらい創りカレッジプログラム一覧表

区分	プログラム			実践カリキュラム概要
	NO	名称と内容		
交流	1	地域貢献	地域貢献	自然や伝統文化を大切にするための交流促進活動
			域外連携	食や芸術・スポーツを題材とした連携促進活動
	2	地域交流／研修		カレッジ施設や市内フィールドを活用した交流や研修
暮らしと文化	3	次世代人材育成	国際連携	・高校1‐2年生向けプログラム「i-Club Summer Program」：東京大学
			中高一貫プログラム	・高校3年生向けプログラム「みらい創り希望塾」 ・アートによる地域創生プログラム「遠野カンタービレ」：東京藝術大学
			ソフトウエア技術体験	・小中学生向けプログラミング学習検証
	4	地域研究	地域リーダー育成	みんなの未来創造プログラム（未来新聞／プロジェクト計画作成を地域の実情に即して学習）：by ウィルウィンド
			防災・減災研究	災害時後方支援拠点研究／防災・減災フォーラム
	5	地域創生	テレワーク推進	地域企業を中心としたコワーキング：ビジネス利活用促進（早稲田塾他）
			高齢者視点のまち創り	「遠野ヘルスケアラボ」：高齢者に優しいまち創り
産業振興	6	産業振興	遠野型リビングラボの実践	・慶應義塾大学大学院リーディングプログラム in 遠野 ・法政大学：中心市街地等の活性化に向けたタクティカルアーバニズムの実践
			カレッジ発遠野型産業創造の実践	・カレッジ施設の利活用による産業振興支援：食育カフェ敷設PJ推進：実験栽培／加工品開発／マルシェ ・地域プロジェクト：地域合同会社による新規事業開発
			農林業に着目した地域おこし実践活動	・森林資源を利活用したまち創り：中央大学×市内木工関係者 ・ホップ和紙／木工技術／印刷技術等の連携した商品開発

　ることで、富士ゼロックス側の工数が約半分になったことも事実です。そして現在、800万円／年程度の参加費等の収入を得ています。キャッシュフローだけで推し量れることではありませんが、ゼロから設計・開発・運営された「まち創りとその進化の過程」が、そこに現れているのかもしれません。

　遠野市のような第一次産業の衰退と、少子高齢化や中心市街地のドーナツ化現象が進む地域では、解決すべき課題が山積しています。しかし、当事者としては外部からそれらを指摘されるのはあまりよい気持ちがしません。しかし、カレッジ重要メニューとして「暮らしと文化」（を守り発展させる）を掲げ、そこから得た解決策を用いて産業振興のための研究開発の実践していくことの意義を関係者にお伝えすると、積極的に現状をご説明いただく傍ら、内在する

課題も共有していただけるようになりました。このような受け入れ側の思考や行動の質の変化を動かした「プログラム開発と進化」が住み続けられるまち創りには必要であり、後述するリビングラボの受け入れへとつながっているのです。

3：まち創り支援から得られた成果

さて、これまでの私たちは多くの場での講演や多様な方々の視察をお受けしてきましたが、その中で多かったのが「富士ゼロックスさんはどのような成果を挙げているのですか」「なぜ継続した支援活動ができるのでしょうか」という質問や問いかけでした。その都度、誠実にお答えしてきたとは思いますが、社会的な評価やインパクトについて言及することも私たちの責任であると判断し、改めてこの場をお借りしてこれまで企業としてあまり語ってこなかった"学びあいの「場」、つまりカレッジ設立で得られた成果"について整理してみたいと思います。おそらくそれは「まち創り支援」の成果であり、リビングラボなどの研究や実践を進め、その成果を求められている企業組織の皆様には大いに参考になるはずです。

第1に、地域とのゆるぎない関係性、これが大変大きな果実といえます。元々、カレッジの成立過程では、非日常の世界で多様な当事者とともに、みんなの未来を描くことを目的に「対話」によるコミュニケーションを実践して参りました。そして、学びあいの"場"においては、産官学民の学びあいの実践を目的とした、協働作業を繰り返してきたわけです。その間、大変多くの方々と触れあうなかで"信頼という資本"[*8]を得てきたことが、最初の成果となったのです。

この信頼は、得がたくかつ失うのが容易な資本です。正直、私も多くの信頼を得た一方で、本意ではない言動で、いくつかの皆さんのご期待やご依頼に反したことも少なくないかもしれません。信頼とは人間の感情や心情に由来するものですが、その一方でカレッジ運営には方針や信条といったものが存在します。カレッジを軌道に乗せるために数多くの取捨選択をする中で、方向性の一致を見なくては継続が難しいと判断せざるを得ない関係性やプログラムも

ありました。総合プロデューサーとはそのような一面を持ち合せなくては、前へ進めないのかもしれません。いずれにせよ、この資本がなくては学びあいの場も成立しません。そしてリビングラボもお引き受けできないのです。

　しかし、確実に理解者を得つつ、学びあいの"場"でのコミュニケーション・プロセスを経ていきますと、プログラム関与者（特に地域住民の皆様）の思考や行動の質に変化が現れるのです。これが、第2の成果"**協働という資本**"です。つまり、信頼資本をベースにカレッジのプログラムを進めていきますと、プログラム関与者（特に地域住民の皆様）の思考や行動の質に変化が現れるのです。実際、行政は組織同様に縦割り的な思考であったのが、カレッジのプログラムではクロスファンションに動こうとする思考の変化が現れます。そして、それと同時に、実際の行動面にも変化が現れます。常に、異なる組織との"協働"を意識した動き方を考え、実践するようになるわけです。

　しかし、この思考と行動は、行政側の組織移動（人材の再配置）で、大きくブレーキが踏まれます。なぜなら、新組織においては、いったんは壁つくりが始まるからです。そして、その組織長が、カレッジのプログラムへの関与者でない場合は、縦割りというサイロの中での動き方に戻ってしまうのです。そのような時は、もう1度コミュニケーション・プロセスに関与していただくか、カレッジのプログラム企画に協力していただくことで、徐々にではありますが、思考の質に変化が見られることもあります。これは、資本獲得のコストとして必要なものです。

　そして、総じてカレッジに関係する地域の人々及びコミュニティ組織は、カレッジのプログラムに参加する、一緒にプログラムを企画する、そしてカレッジと一緒にプログラムの運営にかかわるなど、これまでにはない思考と行動の質へと変化していきます。コミュニティの場合、カレッジとの地域密着度合いが高く、組織的な再配置もさほどダイナミックには行われないため、行政ほどのコスト負担はありません。しかし、協働は信頼に基づきます。両資本は密接にかかわりあっていることを前提に、コミュニティとの関係性は常に鮮度管理なされなくてはなりません。これは、ローカルマネジャー及びテクニカル・コーディネーターの範疇の業務となります。

　この2-Typeの管理者でカレッジ運営が軌道に乗りはじめた時期が"カレッ

ジ第Ⅱ期（現在）"であり、2016年に設立された一般社団法人遠野みらい創り
カレッジとして、地域の皆さんを理事としてお迎えし、今年度の諸活動は行政
とは独立した立場で文字通り"協働運営"がなされているのです。（図表3）

　こうしてカレッジ設立に大きく関与した企業（富士ゼロックス）は、自らの資
本投入の結果として、信頼と協働という資本を得て、「みらい創り」そして「地
域創生」のノウハウを獲得することができました。それが第3の果実といえます。
それをいい換えるならば、私たちの第3の成果とは"共通価値を生み出す技術"
の獲得だといえましょう。

　遠野での活動を参考にして、富士ゼロックスは2016年に地域創生営業部
を創設し、離島や山間地域といった、これまであまり着目してこなかったマー
ケットへの入り口を発見することができました。それが、Society in という New
Marketing 手法です。この手法は、共通価値を生み出す技術を用いて得られ
た果実でもあります。

　従来の富士ゼロックスは、全国各地に地域の有力企業とパートナーを組んで、
自社の製品シェア拡大を実践してきました。ところが、製品のコモディティ化
が進展すると、営業利益率が悪化し、シェア拡大戦略を続けることに意味が

図表3　カレッジ協働運営組織

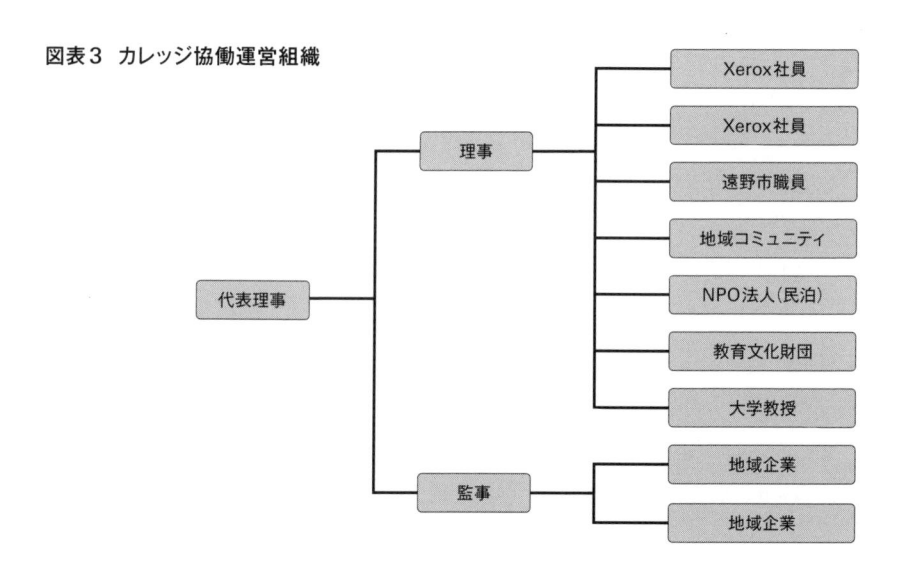

なくなってきたのです。少ない成員で、高利益率の商売をする方向への転換が求められるようになったのです。

　「商売を進めるために必要なのは、お客様の信頼を得ることである」。これに異を唱える人はいないでしょう。しかし、ビジネスの対象を事業所単位からSociety単位に変化させる場合、単一事業所の信頼よりもさらに困難なSociety全体の信頼を得なくてはなりません。そして、そのSocietyとともに汗をかき、ともに価値を高め合おうとするのが"協働"的な実践活動です。つまり、Societyをマーケットにするためには、"信頼"と"協働"の2つの資本を得ていることが大前提となるのです。

　地方都市で暮らしてみてわかることは、多くの社会的な組織との密接なつながりの上で、企業行動や政策決定などがなされていることです。例えば、遠野市では9つの行政区単位で住民主体の地域運営が行われています。そうしますと、地域のお祭、小中学校の式典、そして記念行事等への参加が求められます。そこでは、地域の責任者がリーダーシップを発揮し、伝統や文化に則った方法や作法によって個人や組織の連携が保たれています。

　そのようなSocietyの信頼を得、協働的に事をなし得ることができるようになると、Societyの仕組み、つまり「まち・ひと・しごと」が理解できるようになります。そして、そのような状況において企業側が自らの行動の質を変えるような提案、企画、そして参画と実践が進むようになった時、その時がSociety inができた瞬間です。結果の質が変化したのです。こうして、私たちは「みらい創り」活動を推進することと通じて、本当に得難い成果やノウハウを獲得することができました。本章ではこの成果を得るための論理を表していますが、これがどのような社会的なインパクトとなり得るのかについては、最終章で示すこととします。

　2012年秋の「みらい創り」キャンプからスタートし、地域の人々の総意を得て、遠野みらい創りカレッジという学びあいの"場"が創出されるまでの私たちの活動について、ある外部機関等から「リビングラボを実施されたわけですね」と評される機会が多くなりました。また、「復興支援活動からどのようにして地域創生へとつなげたのですか」という質問も多くいただきます。しかし私たちは当時、リビングラボも地域創生も意識していたわけではありませんでした。

東日本大震災という災害や地域課題と向き合い、そこからなにか本業に結びつけられるような実践的取り組みができないだろうか、それを毎日のように話しあい、会社のCSR会議で報告を重ねました。

その会議の場では、おおよそ次のような反応をいただきました。「いつまで続けるのか」「標準化が可能なのか」「売上にいつから貢献するのか」、そして……「いつやめるのか」。社会課題解決を目前にして、経営陣にどのように説明しご理解をいただくのか、これにも私たちは毎日のように頭を悩ましました。そしてそれは、今も続いています。

しかし、その都度基本戦略を示しつつ「手を止めない」「出口を見つける」「地域経営への転換（自走化）」「本業への貢献」と、丁寧に説明してきました。そして現在はSDGs（持続可能な開発目標）[9]を主流とした地域活性化にまで「みらい創り」活動が進展するにつけ、地域創生、リビングラボ、そしてSDGs等、社会から現在大きな注目を浴びている事柄に対し"先鞭をつけてきた"ことを本書でまとめ、発表できるまでになりました。

特にSDGsについては、開校当初から首都圏の教育関連事業者が提供する「未来発見プログラム[10]；グローバル企業経営塾」を、Field Workの設計と提供で側面から支援してまいりました。そのプログラム（2015年から）の中身は、高校生が企業人になりきって考えるSDGsを掲げた地域創生提案で、遠野市の行政、企業、コミュニティ組織を巻き込んで、「住み続けられるまち創り」「公平で質の高い教育」「六次産業化と空き家対策」などのSDGsを照らし合わせた企業組織の新事業創造について、文字通り学びあいを実践しています。

昨今、このようなSDGsの理念に沿った地域の統合的取り組み（まち・ひと・しごと総合戦略）により、経済・社会・環境の3側面における新しい価値創出を通して持続可能な開発を実現するポテンシャルが高い取り組み、或いは多様なステークホルダーとの連携を通し、地域における自律的好循環が見込める事業には、政府からの補助金が交付されるに至っています。遠野みらい創りカレッジでは、これまでの未来発見プログラム等のサポートで培ってきた協働的実践活動を体系化し、リビングラボのような社会的な実証実験を通じて、誰もが活用できる「SDGs 実践Field」を全国各地につくっていきたいと考えています。

従って、このような誰も成し遂げていないプログラムの企画開発に取り組み、そのプロセスを明示化し、かつ継続させた上でその成果を多様な参加企業の事業活動（Mainstream）に確実にお返しする。それが私たちの使命だと考え、この活動を実践しています。その1つがリビングラボの受け入れ、そして実践支援の定着化なのです。

4：リビングラボという Opportunity

　そのリビングラボですが、前述したように、現在では多くの企業や研究機関が取り上げ、一定の市民権を得ている研究スタイルといえるでしょう。富士ゼロックスの一組織としてそのリビングラボ（当時はみらい創りキャンプ）の実践を行った立場からいえることは、投資に見合うか、結果が出るのか、本業に繋げられるのか、これらはいつもつきまとうものであるということです。

　一般の企業組織では、研究は研究所で実施されるのが当たり前です。富士ゼロックスでも横浜市のみなとみらい地区に研究所を集約し、そこで研究員が日夜研究に勤しんでいます。しかし、昨今の研究開発マネジメントのレビューでは、ユーザーから遠い研究所で何ができるのか、研究所から飛び出すことでオープンイノベーションが生まれるのではないか、というような論調が多いようです[*11]。

　それでは、企業にとってのリビングラボのメリットを考えてみたいと思います。まず、リビングラボを実践すると、従来のインタビューやマーケティングリサーチと比べてユーザーとの関係が深くなります。そのため、従来企業が把握できていなかった潜在的なニーズが発掘できるというメリットがあります。また、従来のリサーチではモニターの募集などユーザー1人ひとりと個別につながる必要があり、手間がかかります。リビングラボではすでにある市民グループと組むケースも多く、まとまったユーザーのグループとつながりを持てることになります。このことから、調査研究の効率化や、官民のアライアンスのしやすさをメリットとする報告もあります[*12]。

　一方では、ステークホルダーが多すぎると結論がまとまり難いことがあります。また、リビングラボ活動の結果まとまったアイデアなどの知的財産権を誰

図表4 リビングラボの設計と運用

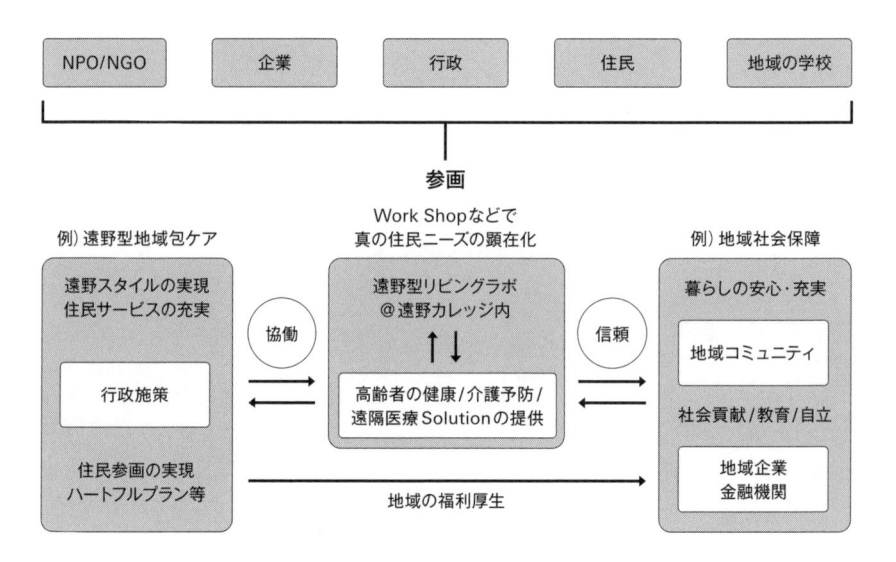

が所有するかという問題も起こりやすくなります。また、市民が主体となるリビングラボでは、市民のパワー次第で想定していたアウトプットが出てこないというケースもあります。さらに、すぐに協力してくれる市民やユーザーが集まるとは限りません。集まったとしても主体的に行動してくれる方かどうかはわかりません。意識の高い人々に参加してもらえるような仕組み・きっかけづくりが必要なのです。

そして、特に企業では、サービスの開発段階で機密事項が含まれることも多くあります。企業同士のオープンイノベーションでは、事前の契約などである程度情報のコントロールが可能ですが、市民が参加するリビングラボでは難しい面も多いでしょう。

以上のようなメリットやデメリットも気になりますが、最も重要なのは、リビングラボを実践する当事者と対象地域コミュニティや人々との間に、信頼と協働の資本関係があるかどうかです。多くの企業は経営に携わる方々から、投資に見合うか、結果が出るのか、本業に繋げられるのか等々、常に結果の質を求められます。これらの要求は、ともすると信頼と協働を獲得することを二

の次にしてしまいかねず、そしてその結果大きな失敗を生むことにもなります。共通価値を生み出す技術は、信頼と協働という資本獲得なしには得られないのです。(図表4)

2年程前ですが、ある首都圏の企業からリビングラボの実践依頼がカレッジにあり、私たちも色々と動いたことがありました。彼らは、遠野市のあるコミュニティ組織と連携し、自社のビジネスを発展させながら、遠野市の産業振興にも一役買おうという目標を立て、活動を開始しました。しかし彼らは地域から信頼を獲得することはおろか、協働的な動きまでカレッジに任せて、果実だけを担当研究員 (マーケティングを兼任) に求めたのです。

担当者は何度も遠野市に出向き、たしかに多くの時間を費やしました。そして、多くの人たちにも会う努力も惜しみませんでした。しかし、残念ながら、組織的に信頼を得ようとする取り組みまでには発展しませんでした。そして、協働的な動きはおろか、自分たちの要求を前面に押出すだけで、製品やサービスの企画や開発には手を出しませんでした。その結果、担当者は去り、やりかけた活動の後始末だけがカレッジの仕事となってしまったのです。私たちはこれを大きな反省点として、リビングラボの受け入れと実践支援のための工夫と論理を考えることになったのです。

ところで、企業としてこのリビングラボに積極的なのが、首都圏に本社を構えるエーザイ株式会社です。エーザイ株式会社は、大阪などで大学や地域の企業と連携して合同会社を設立。地域のコミュニティ主導によるオープンなリビングラボを展開中です。例えば大阪では、認知症などの健康課題を解決し、健康寿命の延伸をめざす取り組みを推進するため、産学連携の上で健康関連データの収集および解析、健康課題解決にかかわる研究員等の人材育成などを行い、世界中が抱えている認知症などの健康課題に関する学術研究、先端技術の開発を進め、課題解決方法の実証および実用化に取り組んでいます[13]。

その活動をリードするのが知創部の部長で執行役員の高山千弘さんです。高山さんとは、知識経営関連の研究部会や遠野カレッジの活動で何度もお会いしていますが、企業はコミュニティの中に存在すること、そしてリビングラボはコミュニティ主導で実施すべきであること、そしてその進めかたには知識経営理論を用いることを前提とされていらっしゃいます。本書ではその詳細説明

は割愛しますが、遠野みらい創りカレッジでも、このような活動を参考にしたいと考えています。

5：遠野みらい創りカレッジで進めるリビングラボ

　さて、今後10年で日本が取り組むべき優先課題とテーマをまとめた2016年の「日本における戦略的研究アジェンダ（JSRA）」[14]では、持続可能な地球社会に向け、これからの日本が特に優先して研究すべき10の課題群が示されました。その中には、食料、地球環境、生物多様性、資源エネルギーになど加え、「持続可能な地域社会」「都市と農村の相互依存」「環境と文化・ライフスタイル・価値」「リテラシー・対話・意思決定」などが取り上げられています。

　「持続可能な地域社会」「都市と農村の相互依存」「環境と文化・ライフスタイル・価値」では、ローカルな問題としては、里山・民話・芸能・風習・土工農具・生活様式などの保全と将来世代への伝承、グローバルな問題としては、インターネットなどの影響で消滅に瀕している言語[15]や文化など、自然（生物多様性）と人間（文化多様性）を一体的に捉える「"生物文化"多様性」[16]への対応研究が今まで以上に重視されてゆくと考えられています。加えて「リテラシー・対話・意思決定」では、異なる言語・歴史・文化・宗教・価値観を持つ世界のメンバーが相互に理解を深め、合意形成にいたる対話の道筋をデザインしリードできる手法や人材育成の研究が、ますます求められるようになるでしょう。

　このような課題群に取り組む際、都市や地方のローカルな課題においても、そして地球規模のグローバルな課題においても、理学・工学をはじめとする自然科学の技術・知識・経験、人や生物の振る舞いに関する人文社会学的な知見、医学・薬学・健康科学などのライフ系の知識・経験を総動員し、複数の文理専門分野を横断融合して解決の糸口を見出してゆく必要に迫られます。

　さらに、真の意味で"持続可能な"世界をめざすために、SDGsを掲げた企業の実践的活動や、基礎自治体の地域活性化などへの取り組みが進み始めました。具体的には、グローバル規模で過去を振返りその実績を延長して将来を予想し目標を設定する（Fore-cast）だけではなく、あるべき姿・ありたい

姿の未来から現在を振り返って（Back-cast）やるべきことを考えてゆく「Future Design」[17]の考え方が必要になってきたのです。この考え方では、より持続的な社会を実現するため、現在世代の私たちが仮想将来人[18]として思考するアプローチが検討されています。

このように世界や日本が大きく動いているなか、遠野市や遠野みらい創りカレッジで進められている活動を振り返ってみますと、確実にSDGsを掲げた地域活性化策、或いはそれとして取り上げても申し分のない事例が数多くあります。まず、日本民俗学の先駆けと称される作品で、柳田國男が明治43（1910）年に発表した岩手県遠野地方に伝わる逸話・伝承などを記した説話集「遠野物語」の存在と、遠野高校が遠野市及びその他産官学民の支援を受け、総合学習の時間を活用して実施している人材育成プログラム「新しい遠野物語を創るプロジェクト」があげられます。遠野では、日本の典型的な民話・風習・生活様式などを保全し将来世代へ伝承してゆくこと、それらを踏まえ、課題が複雑に絡みあう現在から将来を歩んでゆく将来世代を育もうとしている取り組みがうかがえるのです。

特筆すべき活動の1つとして、遠野緑峰高校草花班の生徒による「ホップ和紙プロジェクト」も取り上げたいと思います。これは、生産量日本一を誇る遠野のホップが、実はビール製造には“花”しか使われず、それ以外の部分が焼却処分されていることを知った生徒たちが、「廃棄部分をどうにか有効活用できないか？」と研究を開始し、試行錯誤のすえ100％ホップの和紙をつくることに成功したプロジェクトです。今では産学官民が一体となった連携プロジェクトとして、ホップ和紙品質の改善と製造コストの低減、活動を通じた六次産業化の促進、遠野に新たな紙漉き文化を定着させる動きなどに繋がり、持続可能な開発に向けた活動として大きな広がりを見せています。

東北大震災以前の2007年に出された「地震津波災害における後方支援拠点施設整備」提案書と、翌年実施された震災対処訓練「みちのくアラート2008」[19]にも触れましょう。これは、津波被害を何度も受けてきた歴史を持つ三陸沿岸地域と、歴史的な繋がり産業的な繋がりを持ち人の交流も多い遠野市を結び、津波が来ない内陸の町遠野だからこその役割を考え、遠野市が後方支援体制整備の準備を進めたことが始まりです[20]。何のための提案なの

図表5 慶應義塾大学博士課程教育リーディングプログラムの特徴

遠野市の施策「遠野スタイル」から抜粋

- 雇用の確保
- 農林畜産業の六次産業化
- 交流人口の拡大
- 子育てしやすい環境
- 高齢者の自立と社会参加
- しあわせ度の向上

学生	学生取り組みの主要な視点	8/19のサイエンスカフェ 7つのテーマ
A	社会問題への意識向上のための視野拡大に向けた、高校生向け持続可能なオンライン交流授業の促進	これから求められる学校教育（工学×政策メディア）
B	これからの10年～20年先の日本社会（超成熟社会）における、持続可能な農業エコシステムの実現をめざす	将来の日本農業の姿（工学×経済学）
C	歴史があり素晴らしい環境にある遠野市で、人口減少が進んでいる状況を改善する解決策	遠野のよいところ、たくさん教えてください（経済学×工学）
D	ダイバーシティ＆インクルージョンの実現を担う、教育の検討	多様性ってだれのこと？（社会学×政策メディア）
E	遠隔講義システムやICTの効果的な利活用など、よりよい教育の在り方や教授法の検討	新しい教育支援のあり方（社会学×工学）
F	「産後ケア」遠隔医療の普及、周産期×精神科×遠隔医療の政策提言	ねっとでつながるお医者さん（工学×医学）
G	地域活性化における成功要因と阻害要因分析	地域活性化成功の方程式（商学×工学）

13の大学院研究科	文学、経済学、法学、社会学、商学、医学、理工学、政策メディア、健康マネジメント、薬学、経営管理、システムデザインマネジメント、メディアデザインの、慶応義塾大学大学院 全13研究科に在籍する学生から選抜
MMD文理融合	大学院修士・博士の5年間一貫カリキュラムの中で、一人ひとりが主専攻/副専攻で文理2つの異なる分野の修士号2つを取得するMMD文理融合コース
海外インターンシップ及び短期留学	修士課程において4週間程度、海外企業やNPOなどで就労体験をする。博士課程では自分の専門を究めるため、海外研究機関や大学に半年程度滞在する短期留学制度を用意
産業界のメンター指導	産業界や社会の生の課題をもとに、企業や行政体などのシニアマネージャー（メンター）による指導で、学問と方法論を融合させ、俯瞰力・企画力・マネジメント力の高い高度博士人材を育成

か、いつそんなことが起きるのか、コストがかかるといった疑問や反対も受けながら実際にアクションを取ってきた、将来の持続可能な町づくり（1つの町ではなく、沿岸部・内陸部など複数の町づくり）のための自他共栄的発想と行動力を端的に表している活動といえます。遠野の各種施策において、このような

考え方がベースに根づいていると考えられます。

　一方、閉校となった遠野市立土淵中学校の校舎を生かした遠野みらい創りカレッジは、地域の永続的な生存と成長支援のために産官学民が連携する、新たな価値を創造する場として2014年に設立されました。そして、対話を通じたアウトプットとして、体験会・交流会・研修会、ワークショップ、フィールドワーク、国際連携プログラム、マルシェ、サマープログラムなど多数の活動が行われてきました。また、この一連の活動自体が新たな「対話」を呼び起こし、さらに新しく質の高いアウトプットに繋がる連鎖も生み出されています。その結果、これら活動を通じた多くの人の触れあい・学びあいにより、参加者相互の信頼関係が醸成され、地道な対話と具体的な活動により参加者の思考や行動の質が変化してゆく協働の意識も築かれてきました。このように、遠野みらい創りカレッジは、参加者に共通する価値創りができる、リビングラボの2つの機能（共創とTest-bed）[*21]を提供できる「場」となっていると言えるでしょう。

　以上、世界の動き、研究テーマや研究アプローチの新しい潮流、そして遠野市や遠野みらい創りカレッジで行われてきたSDGsを掲げた或いはそれに準ずる地域活性化策の成功をベースに、遠野みらい創りカレッジでは中央大学丸山ゼミのリビングラボを受け入れ、その協働的な実践活動を側面から支援してきました。その内容については4章でご紹介します。そして2018年3月から、慶應義塾大学博士課程教育リーディングプログラム[*22]の学生が遠野で活動を始めました。

　慶應義塾大学博士課程教育リーディングプログラムでは、図表5に示すように、各学生が専攻する研究科の観点で地方における7つの社会課題を取り上げ、ヒアリングを開始しました。これらの課題は「遠野スタイル 創造・発展総合戦略」に記述されている重点プロジェクト1〜5及びプロジェクトXと紐づけられます。図中、実線が強い関係を破線が弱い関係を表しています。ヒアリングと平行し、遠野では初めてと思われる「サイエンスカフェ」[*23]も開催しています。

　これは、カフェという和やかな雰囲気の中で、対話を通じて遠野や近隣で生活されている市民の皆様の声をうかがい、より的確に課題を掘り下げ、効果的で共感をいただける対策アイデアを共創していきたいと考えているためで

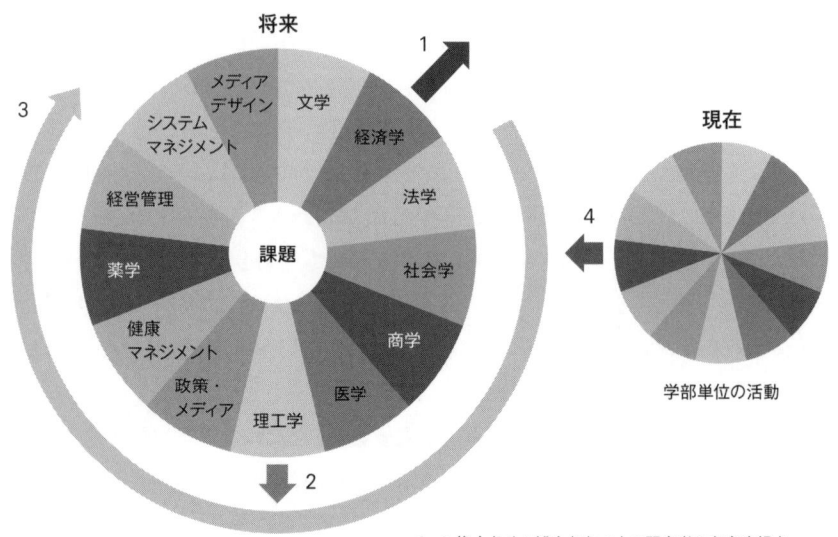

図表6 慶應義塾大学博士課程教育リーディングプログラムの取り組み視点

1 ➡ 修士(M)＆博士(D)：1人の研究者の主専攻視点
2 ➡ 修士(M)：同一研究者の副専攻視点
3 ➡ 大学院13研究科：リーディング研究者40人の複合視点
4 ➡ Future Design：未来を想定した将来世代視点

す。「サイエンスカフェ」は本来"科学の社会的な理解を深めるため、科学について気軽に語り合う場"とされていますが、このプログラムでは"科学を拠り所にしながら、法律問題・教育問題・医療問題・新技術の問題など、市民から持ちこまれるどのような話題でも双方向で語り合える場"として「対話」を重視する運営をしていきます。

　また、大学院生たちが頻繁に遠野を訪問できないハンディキャップに対しては、遠野訪問スケジュールの合間を縫って、遠隔リモートICTツールを使い遠野・横浜間をつなぐリモート対話会も実施して対話頻度を上げてきました。今後は、遠野・横浜間に加えてアジア・米国・欧州など海外とも接続し、より多岐にわたる言語・歴史・文化・生活様式を学び参考にする場にしてゆくとともに、最先端ICTツールを使いこなすリテラシー向上の場としても貢献してゆきたいと考えています。

　このようなアプローチを取るのは、慶應義塾大学博士課程教育リーディング

プログラムが、高度な基盤学術の柱を備える博士修了者のグローバルリーダーとしての素養を高める教育プログラムであるという特徴を持っているためです。

また図表6に示すように、1人ひとりの学生（研究者）は主専攻（この図の例では「経済学」：図中1）のほかに副専攻（この図の例では「理工学」：図中2）の2つの修士を取得し、文理両方の視点でモノゴトを見ることができる人材になります。また、リーディングプログラムには13の研究科から学生が集まりますので、複数の学生（研究者）が集まればさらに多岐にわたる専門領域の視点で議論や研究活動を進めることができます（図中3）。実際、前述の学生（研究者）は、主専攻もしくは副専攻として理工学、医学、経済学、商学、社会学、政策メディアの6つの研究科に所属しており、非常に幅広く深い「対話」を市民の皆さんと繰り広げています。

ところで、「遠野物語」には、多くの現存する山・峠・谷などの地名、実在していた方々のお名前が登場します。一方で狼など既に絶滅してしまった生物種や、今は遺跡として残るだけの城や屋敷もあるなど、途絶えてしまったものも書かれています。このように、過去との関係性があって現在の私たちや私たち社会が存在していること、私たちがいる現在が過去の自然・歴史・文化・生活など、人や動物や自然の振る舞いと繋がって存在していることを実感させます。今後は、「遠野物語」を読み解いて現代のあり様を理解解釈し、そこからさらに将来（未来の「遠野物語」）を見据えて現在の課題を問い直す、前述の「Future Design」の視点も加えていきます。さらに「サイエンスカフェ」に加えてヒューマンライブラリー、ビブリオバトルなど、知的好奇心を刺激して楽しみながら「対話」を深める手法も展開したいと考えています。

以上のようなアプローチを取りながら、産学官民で連携する遠野みらい創りカレッジでのリビングラボ活動（共創）を継続してお受けし、その協働的な活動を支援していきます。リビングラボが、多様な領域の知識・経験・アイデア・価値観をもとにした丁寧で深く、時には国内外からの遠隔参加による対話を通じ、「まち・ひと・しごと」創りにおける本質的課題を見つけ出し、課題に向き合い、課題解決の糸口を見出してゆく活動なればこそ、「学びあいの"場"」をさらに進化させていかなければならないと考えています。

6 : タクティカル・アーバニズムとその時間軸

　さて、タクティカル・アーバニズム[*24]とは、都市計画の実践のために、イベントのような短期的アクション、市民参加型で見てわかる空間の使い方を提案し、効果を明確にしながら推進する手法です。前著では、法政大学の保井美樹教授が、その詳細を「みらい創り」活動の親和性と連動性の理論として紹介していただきました。その特徴は、何といっても進めかたのプロセスです。これまで多く採用されてきたいわゆるハード指向のまち創りは、政治的、社会的、財政的資本の蓄積はもちろん、多大な時間をかけての大規模な開発ばかりでした。さらにこれらの開発は社会的利益が保証されているわけでもないため、結果的に使われない施設が多く残っているのが実態です[*25]。

　このようなハード指向のまちづくりのプロセスをみてみると、ビジョン・方針を踏まえ、デザインから運営まで、計画段階でかなりつくりこんでいるのが特徴といえます。そして計画実現のため、かなり大掛かりなハード整備をもたらしました。

　これに対し、タクティカル・アーバニズムで採用するプロセスは想像しながら考えるという手法で、先のような手法を「ハード指向」と呼ぶならば、タクティカル・アーバニズムは「仮設空間指向」ということができるでしょう。これは、まずアクションすることで、そのまちとの相性を検証し、その反応をふまえ実態に合った計画検討など段階的プロセスを踏んでいくことが特徴ですが、私たちが被災地支援から獲得した「共通価値中心設計」と似ている点が多いのには驚かされました。

　初期段階で行われるのが、「短期間での実証実験（Short-term Demonstration Project）」です。ここでのねらいは、政策や空間を変えていく第一歩として、地域の人々を巻き込み、影響力を吹きこむことです。ここで重要なのは、短期間かつローコストで行うということです。期間に関しては、具体的に1〜7日間と示されています[*26]。このようにして、どのようにすればシンプル＆ローコストでまちの再生が可能であるかを明白にするのです。（図表7）

　次の段階として待つのが「予備プロジェクト（Pilot Projects）」です。「短期間での実証実験」で不足点などが把握できたところで、仮設的空間というハー

図表7　タクティカル・アーバニズムの進め方（TACTICAL URBANISM GUIDE参照）

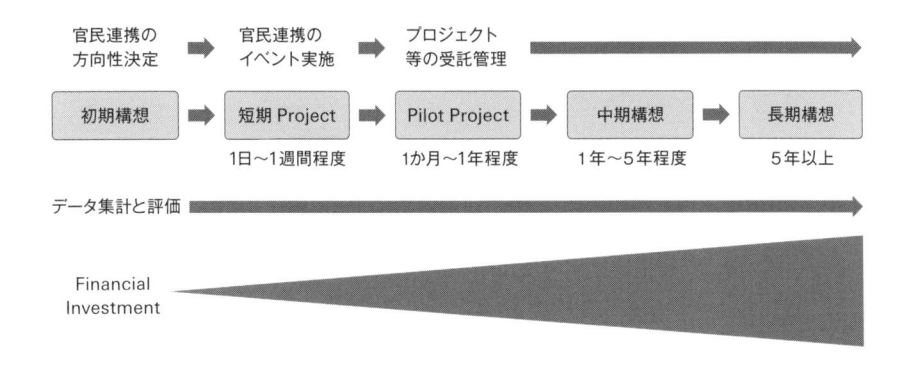

ドからその効果を試し、今後、常設に向け投資をしていくかをジャッジするのです。もちろんここでも大規模なハード整備はせず、あくまで仮設空間でのお試しなので、維持費のかからない材料を使うことが条件とされます。

　さらに、今後方針を決める重要な段階ということもあり、データ収集など定量的分析も必要とされます。そのため、ここで設定されている期間も6〜12か月と前の段階より少し期間を長めています。この段階があることで、試してみてよい結果でなかったものは、別の手法に転換するチャンスが与えられているのです。

　そしていよいよ、長期的なまちの変化に向けた追い込みの段階「中期的（暫定的）デザイン（Interim Design Projects）」へ。これまでのプロセスが行政はもちろん住民や民間企業サイドが主体となって行われてきたのに対し、この段階ではまちとして変化していくため、行政が主体となり進められていくのが特徴です。約1〜3年かけ、行政として長期的変化のための資金集めや設備予算のプログラムづくり、さらには常設化に向けた安全性確保を検討していきます。ここで重要とされるのが一定の耐久性や必要があれば後からでも調整できるような材料を揃えること。常設を睨んだ安全性と万が一に備えた撤去の容易性というバランスが問われるのです。

　このように試しながら少しずつ骨太なまちをつくっていくタクティカル・アー

バニズムのプロセスは、無駄な投資を避け、より地域性が反映された地場に愛されるまちづくりを実現させてくれるのです。

7：キリン株式会社による、 タクティカル・アーバニズムの実践

　タクティカル・アーバニズムの「戦術的」という考え方を参考に、遠野版のタクティカル・アーバニズムとは何かを考えてみたいと思います。タクティカル・アーバニズムが進む都市には、ボトムアップ、トップダウン、そしてその間の全ての場所に、タクティシャン（戦術家）が至るところに存在する、といわれています。確かに、遠野市においても、その状況が生まれつつあります。

　それでは、このタクティカル・アーバニズム論理を、実際にBID（Business Innovation Districts[*27]）として遠野市で展開しているキリン（株）の例で分析してみましょう。BIDとは、自治体よりも狭い明確に区切られた特定地域の活性化その他の地域ニーズに応じた事業・活動を民間主体が実施するため、その費用を地域内の地権者・事業者等から徴収して当該民間主体の事業・活動資金に充てるという仕組み（制度）のことです。

　日本有数のホップ生産地である岩手県遠野市は、キリン（株）とホップ栽培55年の歴史があるまちです。キリン（株）では遠野産ホップにこだわり、収穫したばかりのホップを瞬間凍結して使用した「一番搾り とれたてホップ生ビール」、各種クラフトビールなど、フレッシュホップを楽しめる商品の開発を行ってきました。

　しかし、ホップ農家の高齢化や担い手不足などにより、日本産ホップの生産者と生産量はピーク時の4分の1まで減少しています。遠野の大切な農産物「ホップ」を守り、食とビールで遠野を元気にしたいというビジョンを掲げ（Visioning）、ホップの魅力を最大限に活かしたまちづくりに、遠野市とキリンはともに取り組んでいるのです。5年以上にわたってこの活動をリードしているのが、キリン株式会社CSV戦略室の浅井隆平さんです。

　2018年度のホップ収穫を市民とともに祝うイベント「遠野ホップ収穫祭2018」は、8月25日（土）26日（日）の2日間に渡って、遠野市の中心市街地

図表8　キリン㈱が進めるタクティカル・アーバニズムをベースとした活動

CSR経営指標	2〜3日	1〜2年	Vision → Concept
地域社会に対する貢献	ホップ収穫祭 ビアツーリズム	ブリュワリー創り 継承者の育成	「ビールの里創り」 Inside Out

で実施されました（Public Action）。同年度は、遠野のクラフトブルワリー「上閉伊酒造」に加え、5月オープンの「遠野醸造」や、生ビール販売カー（ドラフトカー）が会場に登場。遠野産ホップを使用した数々のビールやサワーなどを市内外のビール愛飲家に提供しました。さらに、今年は東京都中野区にある飲食店「麦酒大学」から、"ビールのプロの注ぎ手"の出店もありました。（キリン㈱HP参照）

　また昨年度、遠野のクラフトブルワリー「上閉伊酒造」を見学現場として、遠野みらい創りカレッジともご縁のあった沖縄ツーリスト㈱によるビアツーリズム「ホップ産地を巡るオトナ旅」が開催されました。このツアーは遠野産ホップや、遠野の食文化・農産物を知ってもらい、遠野の魅力を発信することを目的に企画されました。ツアーには神奈川県内のお客様を中心に約30人が参加し、遠野の食文化を楽しみました（Proto-Project）。これらの活動はマーケティング・コーディネーターの浅井さんがチームを牽引した成果であると私たちは考えています。

　少子高齢化が進む日本において、地方の過疎化や農業の後継者不足は深刻な社会課題となっていますが、近年は多様な種類のホップを活用した個性豊かなクラフトビールの人気が若年層を中心に高まり、この5年間でクラフトビール市場は約2倍に拡大しています。持続可能なホップ栽培をめざし、遠野市の活性化にも貢献するBeer Experience株式会社（以下BE社）が設立されました。キリン㈱は同社に出資をし、ビールの里に向けた取り組みをさらに加速させているのです（Interim Design）。このBE社に浅井さんが加わったことはいうまでもありません。

BE社がまず取り組んでいるのは、農地の新規取得や集積、農作業の省力化や機械化によって、ホップ農家1人当たりの収穫量を増やすことです。従来の畑を畝（うね）の間隔から見直し、ホップの一大生産国・ドイツに倣った効率の高い畑をつくっています。BE社の生産方法が確立され、ホップ栽培がビジネスとして成立すれば、他の農家も追随し、遠野全体のホップ生産力の底上げが図れます。

　同時に、現在遠野でブランド化をめざしているおつまみ野菜「遠野パドロン」の生産、ホップや遠野パドロンを使った加工商品の開発のほか、遠野や日本産ホップの魅力を発信するビアツーリズムも行っています。農業を通じた地域活性化を実現することで、遠野市を日本随一のホップ生産地、かつ、日本のビール文化・産業の魅力を発信するまちへと発展させ、「ビールの里構想」の実現を推進しています。

　まさにキリン㈱の協働的実践活動は、タクティカル・アーバニズムそのものであり、その手順も見事だといえます。その成功の要因は、私たちが遠野市に入る何年も前から、関係性の構築や協働的な活動を実践してきたからにほかなりません。

　カレッジにおいても、キリン㈱や法政大学からカレッジの理事としてお迎えしている保井美樹教授のご助言もあり、タクティカル・アーバニズムの取り組みを実践しています。地域社会と継続的に実施してきた、「五日市マルシェ」並びに、3章で紹介する「食育カフェ」がそれにあたります。

　前述しましたように、カレッジでは「みらい創り」とそこでの学びあいの"場"による産官学民による協働的な実践による「まち・ひと・しごと」創りというVisionを掲げています。それに基づき、Public Actionとしての五日市マルシェの企画を支援しています。そしてそこから拠点整備活動の具体的な展開として、昨年度いっぱい、生産性革命を実践する実証事業を検証してきました（Prototyping）。そして、そこから生まれたのが「食育カフェ」という拠点整備事業なのです（Interim Design）。

　このように、行政政策との短期・単年度との連携をベースに、遠野みらい創りカレッジで実施するテクニカル・コーディネーターが支援するリビングラボでの研究開発と生産性革命、そしてマーケティング・コーディネーターがリーディ

2018年に実施された五日市マルシェの様子

ングするタクティカル・アーバニズムの連動性こそが、イノベーションを創出するベストな組み合わせと、現段階では判断しています。

8：北海道白老町で進める協働のまち創り

2018年9月6日の早朝、北海道胆振地方中東部を震源とする地震が発生しました。地震の規模はM6.7。最大震度は北海道ではじめて7が観測されました。被害は厚真町や安平町などの震度6強以上のエリアに集中しました。私たちが活動をご支援させていただいている白老町はその西側に当たり、震度5弱の揺れが観測されました。

白老町役場の職員で協働のまち創りを推進されている企画課の安藤啓一さんからは、「大きな人的及び物的被害なし」との入電を受け、ほっと胸をなでおろしたのですが、厚真町では甚大な被害が生じているとのご報告を受け、被災地の皆様への心配は募るばかりでした。

停電や断水の影響は深刻で、10月4日に予定していた白老町のまち創り活動も17日に変更されましたが、50名を超えるコミュニティの皆さんに参加いただき、盛況な報告会を実施することができました。これまでの活動は、安藤さんを中心とした「協働のまち創り推進班」のリーディングで実践されましたが、私たちからは1名のコミュニケーション・コーディネーターが約2年半サポー

トさせていただきました。

　その活動を振り返ってみますと、やはり行政の旗振り役である安藤さんの地道でバイタリティあふれる動きがまち創りの根幹を支えてことがわかりました。私たちは彼らの要望をうかがいつつ、信頼資本を獲得するための関係性構築や協働的なプロジェクト活動の実践支援など、「対話」をベースとした「みらい創り」活動を科学的に設計するお手伝いを実施させていただきました。遠野市と南足柄市での活動は前著で詳しくご紹介しましたが、本章で示したそれぞれのカレッジのプログラム開発に至るまでの取り組み内容を白老町の事情にあわせてカスタマイズ（実施期間や地域）するための準備と、安藤さんたち推進メンバーとの擦りあわせに十分な時間をとることができました。そして、その活動のプロジェクト・マネジメントは安藤さんが実施、コミュニティ組織の理解を確認しながら進めました。その結果、約3か月の実施期間を経て、10月18日に9つのプロジェクト（重要な兆し）の活動中間報告がなされたのです。ここまでは、「みらい創り」活動が官民一体で科学的に進められたといえます。

　これらの活動に平行して、主体的なタクティカル・アーバニズムも計画・実施されてきました。白老町も自然豊かで継承すべき伝統文化も豊富な地域です。特にこの地の先住民であるアイヌの人々の文化や伝統を守り「多文化共生」を実現しようとする活動は、全地域で浸透しています。これこそが、SDGs（不平等を是正し、住み続けられる共生のまち創り」を掲げた地域活性化にほかなりません。

　そして、外部機関を巻き込んだ短期のイベントや白老の自然を堪能するツーリズムなども実施されています。前述のプロジェクトにもドローンを活用したPRなども提案され、みらい創りとタクティカル・アーバニズムが巧みに組み合わされて、協働のまち創りが進められるような工夫を凝らしました。安藤さんは行政マンでありながらマーケティング・コーディネーターとして活動されていたのはいうまでもありません。その結果、今後当地でリビングラボを実施できるだけの信頼資本の獲得と協働環境が構築されているといっても過言ではありません。

　次に必要になってくるのが協働の「場」です。具体的な進め方の一例は、多文化共生の研究や産業振興を目的とした起業を推進するテレリサーチセン

ターのような"場"創りを、遊休施設を利活用して進められるようにすること
です。そこで私たちは、テクニカル・コーディネーターを任命して今後もサポー
トを続けることを、戸田町長にお約束させていただきました。ここまで達成で
きてはじめて、産官学民のニーズが乗じる形での協働的な実践活動の継続へ
とつながるのです。白老町における協働のまち創りもあと一息です。

9：組み合わせの論理が産み出す協働のまち創り

　さて、冒頭で申し上げたように、本書のテーマは、企業（産）、行政（官）、
学術（学）、コミュニティ（民）のニーズが乗じる形での協働的な実践活動を
継続させていくのには、どのような理屈や意思決定、そしてリーダーシップや
コーディネート力が必要なのか、それはどのような形で実行されるべきか。そ
して、成果を生み出すためには、どのような創意工夫が必要なのか、という
疑問に応えるものです。本章の最後に、キリン㈱と富士ゼロックス㈱、2つ
の企業組織の活動を振り返りつつ、タクティカル・アーバニズムとCreating
Shared Value を十分意識した「みらい創り」が、組み合わせることで創出さ
れる、市民協働のまちづくりの論理を明らかにしたいと思います。（図表9）
　2社の共通点は、本章で取り上げたタクティカル・アーバニズムと「みらい
創り」の両アプローチを、順序は異なるものの、論理的な手続きを経て実践し
た結果、価値共創という技術を獲得できたことです。そして、その過程におい
て、企業、行政、学術、コミュニティのニーズを丁寧に推し量りつつ、信頼と
協働の両資本を得る活動を地道に実践してきたことにあります。
　さらに、キリン㈱は地域との関係性構築を図るために、早い段階からマー
ケティング・コーディネーターを現地に派遣し、生産者の最も深刻な課題であ
る後継者や離農者問題に積極的に取り組むという工夫を加えたのです。そし
て、そのコーディネーターが、タクティカル・アーバニズムの骨格を理解し、生
産革命を導き出すために必要な関係者や地域に対する啓蒙活動を実践し、
価値共創技術を企業の組織的活動を通じて獲得したのです。
　一方富士ゼロックスは、学びあいの"場"の創造過程では、コミュケーショ
ン・コーディネーターを。そして、「みらい創り」の実践或いは支援の過程にお

図表9 キリン㈱と富士ゼロックス㈱の活動比較

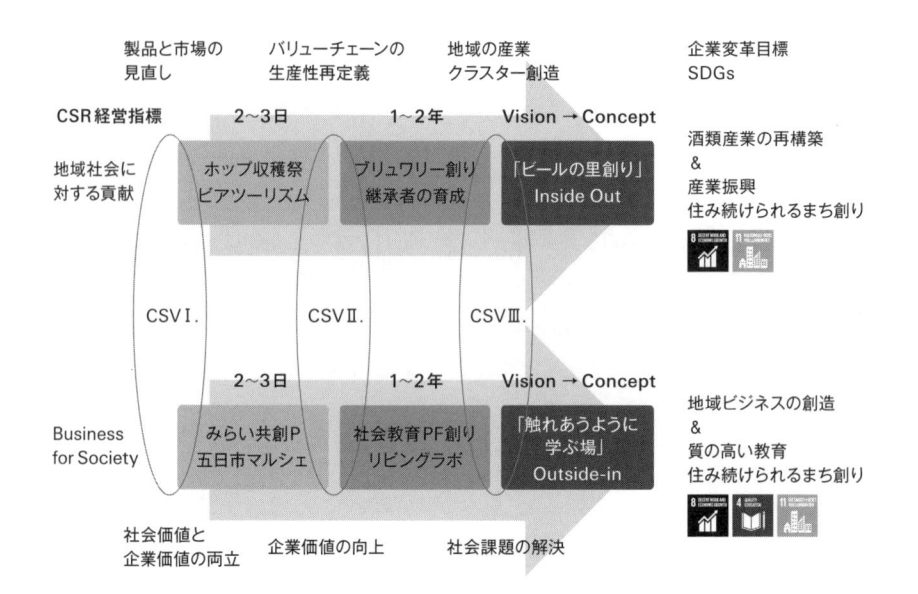

いては、テクニカル・コーディネーターを配置するという工夫を講じつつ、タクティカル・アーバニズムのエッセンスを理解して、プログラムに包含することを並行して実践したのです。両者の、論理的かつ計画的な協働的実践活動をプロデュースするマネジメントも、着実かつ組織的に実践されました。

　従って、市民協働のまち創りを成功に導く論理とは、産官学民の総意を得るために必要な関係性の構築を図った上で、学びあいの"場"のような非日常の空間で、「対話」をベースとした課題の特定から解決までの協働的な実践活動をコーディネーター中心に実施する「みらい創り」活動（そのプロセスで実践されるのがリビングラボ）と、しっかりとしたビジョンに基づいた短長期的なコミュニティ中心のイベントアクションを確実に展開していくタクティカル・アーバニズムの手法を組み合わせ、SDGsに代表される新たな目標に向かって関係者間の価値共創を実現することといえます。そしてこの手法によって地域活性化を強力に推し進めることは、遠野市がどの地域より先駆けて、SDGsの主流化を掲げたまち創りに取り組んだプロセスで、いくつもの実践例が表出している

ことからも明らかです。

　あえて、キリン(株)と富士ゼロックス(株)の実践活動の違いについて言及するならば、前者は本業から発生したビジョン(Inside Out)と、従来からのマーケットや生産地をベースにした実践活動の範疇であることがわかります。それに対して、富士ゼロックス(株)のそれは、震災復興から派生したこともあり、本業とはかけ離れた市場の創造と、「学びあい」という新たなビジョン(Outside In)を掲げ、SDGsの主流化を5年前から視野に入れている点がチャレンジであるという分析ができるでしょう。どちらが「現実的」か、あるいは「未来志向」か、という議論はする必要はないと思いますが、それぞれの特徴を活かした「類まれな戦略」であることはいうまでもないでしょう。

　今後、遠野みらい創りカレッジでは多くの企業や研究組織からのリビングラボの受け入れと支援を継続させながら、進化する「みらい創り」活動とタクティカル・アーバニズムを巧みに組み合わせた協働的な実践を推進していく所存です。そして、具体的には、既に投資をいただいている企業や研究団体への運営支援と並行して、タクティカル・アーバニズムを推進する多様な参画者との協働的実践で、研究開発ドリブンのまち創り革命、即ちSDGsを掲げた地域活性化を産官学民の連携で実践していきたいと考えています。これこそが、私たちにしかできない、誰も行かなかった道を歩み続けるための指針であり、社会的使命だと考えています。

　続く2章では、本章の「まち」創りの論理をベースに、それを担う「ひと」創りに焦点を当て、カレッジで取り組む具体的な実践事例をたどりながら、持続可能な「まち」創りに不可欠な「ひと」創りに必要な新たなコミュニケーション技術と、その効果的な活用方法について、実際にその諸活動に携わった「団体」あるいは「個人」の動きを軸にご紹介したいと思います。

注：

*1 Michael E, Porter, Mark R, Kramer：共通価値の戦略、2011年、Diamond Harvard Business Review、pp.8-31

*2 実際に人々が生活する街のなかで社会実験を重ねるオープンイノベーションの取り組み。 21世紀に入り欧州、特に北欧が先導しEUや各国政府が支援している、ユーザーや市民参加型の共創活動。

*3 西尾好司「Living Lab／ユーザー・市民との共創に向けて」FRI 研究レポート、No.395 September 2012

*4 遠野みらい創りカレッジ編著『学びあいの場が育てる地域創生』(1章) 水曜社、文化とまちづくり叢書、2017年3月。

*5 情報通信手段 (IT) を利用して、会社や自宅などから離れた場所で働く人。

*6 都市計画の実践のために、イベントのような短期的アクション、市民参加型で見てわかる空間の使い方を提案し、効果を明確にしながら推進する手法。Mike Lydon & Anthony Garcia 『Tactical Urbanism: Short-term Action for Long-term Change』

*7 課題解決に臨む関与者全員の価値を高めるための、価値創造デザインモデル。「仮説の設定」を設定した後に「社会の関与者との関係性構築」「関与者のニーズ把握」「社会課題解決のコンセプト創造」「共通価値の再確認」「解決策の展開と普及」とつなげていくデザイン方法。『学びあいの場が育てる地域創生』水曜社、文化とまちづくり叢書、2016年4月、pp.48-50。

*8 遠野みらい創りカレッジ編著『地域社会の未来をひらく』(第二部) 水曜社、文化とまちづくり叢書、2015年9月。

*9 国連が定めた平和と人権に関するミレニアム開発目標 (MDGs) の後継として、2015年9月の国連サミットで採択された「持続可能な開発のための2030アジェンダ」にて記載された2016年から2030年までの国際目標。

*10 早稲田塾 (本社；東京) が提供する将来に日本を牽引するリーダー育成を狙った、高校生向け商品。

*11 一般社団法人産業技術振興協会「付加価値づくりから価値創出にもとづくイノベーション構築」2016年3月。

*12 前田辰弘「研究員の眼；注目高まるリビングラボ」ニッセイ基礎研究所、2016年12月。

*13 エーザイ株式会社、News Release、2017年7月。

*14 総合地球環境学研究所．"日本における戦略的研究アジェンダ Japan Strategic Research Agenda (JSRA)"。大学共同利用機関法人 人間文化研究機構 総合地球環境学研究所。

*15 文化庁 "消滅の危機にある言語・方言" 文化庁、嶋田珠巳。英語という選択—アイルランドの今．新版、東京、岩波書店、2016、p224。

*16 World Wide Fund for Nature. "Biocultural Diversity: Threatened species, endangered languages". WWF Global

*17 Tatsuyoshi Saijo. "フューチャー・デザイン：持続可能な自然と社会を将来世代に引き継ぐために "。高知工科大学 フューチャー・デザイン研究所。

*18 日本経済新聞「経済教室」小林慶一郎 (慶應義塾大学) 2018年2月13日、Future Design、西條辰義・高知工科大学フューチャー・デザイン研究所長。

*19 遠野市で実施された防衛省、警察、消防などによる防災訓練 "東北方面隊震災対処訓練「みちのく ALERT 2008」"。 陸上自衛隊東北方面隊。

*20 遠野みらい創りカレッジ編著『学びあいの場が育てる地域創生』p.7他、水曜社、文化とまちづくり叢書、2017年4月。

*21 西尾好司 "Living Lab (リビングラボ) 研究レポート No.395." 富士通総研 (FRI)。

*22 慶應義塾大学工学部を中心に進められてきた文理複合型の研究構想。(別途記述)

*23 科学技術の分野で従来から行われている講演会、シンポジウムとは異なり、科学の専門家と一般の人々が、カフェなどの比較的小規模な場所でコーヒーを飲みながら、科学について気軽に語り合う場をつくろうという試み。

*24 Mike Lydon & Anthony Garcia『Tactical Urbanism: Short-term Action for Long-term Change』2015年4月。

*25 東京大学公共政策大学院 ERES公開フォーラム2016、パネルディスカッション参照（辻田昌弘／泉山塁威他）。

*26 公共空間の「質」研究部会・公共空間活用マネジメント分科会（荒井詩穂那、泉山塁威、佐藤春樹、西大篠晶子、根本春奈、山中莉奈）。

*27 青山公三（2015）「アメリカにおけるエリアマネジメントの仕組みと活動」『最新エリアマネジメント』pp.19-30、学芸出版社。この制度は、一般的には1970年代にカナダ・トロントで制度化された仕組みが起源といわれており、その後、1981年にニューヨーク州とニューヨーク市で法制化されるなど、北米に広まっていった。

次世代を担う子供たちと
実践するみらい創り

「アート」というコミュニケーションによる
"ひと"創りの進め方

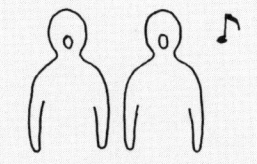

東日本大震災は多くの命、そして人々の未来を奪うこととなった。それ以降も、日本列島は多くの災害にみまわれている。地域の担い手となる若者は、それでも前を向いて歩み続けなくてはならない。被災地を後方から支援した遠野市は、被災地とは異なる社会的課題を抱えていた。それは日本全国に共通する問題にほかならなかった。それらを解決するために、みらい創りマネジメントと共通価値中心設計を駆使して企画されたプログラムは、被災地だけでなく遠野市の社会教育における課題解決を通じて、中高生の総合的な学習を側面から支援してきた。

本章では、科学的に企画構成されたプログラムの体系のなかでも、"ひと創り"のプログラム、そのなかでも中学生と取り組む音楽交流に関与する人々に焦点を当て、学びあいから生まれる"ひと創り"の進め方と論理構築を試みている

1：コミュニケーション技術の進化を求めて

　本章では今年度から遠野みらい創りカレッジで取り組んでいる「まち」創りに不可欠な「ひと」創りを念頭にした新しいプログラムとその開発過程を紹介しながら、「ひと」創りに必要なコミュニケーション技術と、それを駆使した協働的実践活動の論理を、それらの諸活動に携わった「ひと」の動きを通して、明らかにしていきたいと思います。この「ひと」こそが、SDGs達成の原動力となるのです。

　さて、1章では、企業組織が、行政組織や地域社会のとの関係性を構築した上で獲得した「信頼と協働」資本を基軸に、共通価値を生み出す技術によって科学的なまち創りを進めていくための論理を示すことができました。現在、遠野みらい創りカレッジは、前章で示したリビングラボとタクティカル・アーバニズムを巧みに融合させて、SDGsを掲げた「新たなまちづくりの領域」が実践されていること、そしてそれが日本各地の「みらい創り」活動へと広がって

いることも示すことができました。

　本書のテーマが、企業 (産)、行政 (官)、学術 (学)、コミュニティ (民) のニーズが乗じる形での協働的な実践活動を継続させていくのには、どのような理屈や意思決定、そしてリーダーシップやコーディネート力が必要なのか、それはどのような形で実行されるべきか。そして、成果を生み出すためには、どのような創意工夫が必要なのか、という疑問に応えるものであることは本書の冒頭で表明させていただいた通りです。

　前著『学びあいの場が育てる地域創生』の最終章で地域創生を牽引する人材育成の難しさを記述させていただきましたが、「まち」創りや「しごと」創りには、それを担う人材が不可欠です。その点からして「ひと」創りこそが、地域創生の原点であるといっても過言ではないでしょう。それでは、どのような「ひと」が、どのような技術や論理を用い、どの年齢層に対して、どのような効果的な育成プログラムを施せばよいのでしょうか?

　それに対する回答例というわけではありませんが、私たちは、コミュニケーション技術に磨きをかけ、それを用いて「小学生、中学生、高校生」を対象に、彼らの創発的な創造性を喚起させる "質の高い教育プログラムの開発と実証" を試みています。というのも今年度は、これまでに活用してきた手法や対象、そしてプログラム設計方法を変え、新しい手法、対象、そして設計方法の開発に取り組むことで、カレッジのプログラムに厚みを持たせるだけでなく、SDGsを掲げた新たな地域リーダーを育てること (または獲得) を重点目標にしたからです。これまで取り組んできたことを振り返りつつ、その課題を整理すると以下のようになります。

　第1に4年にわたるプログラム開発では、1章でお示しした共通価値中心設計という独自のデザイン方法を用いて一定の成果をあげてきましたが、主に活用したコミュニケーション技術が「対話 (ダイアログ)」[28]であったことがあげられます。多様な人たちが、それぞれの実践知を集合させる[29]ためには、「対話」の持つ力が、みらい創りキャンプという、いわば "場" の創造過程でとても重要であることから、その手法を主にカレッジでのプログラムで活用してきました。ところが、4年間でそれがほぼ定着し、プログラム開発の過程で驚きや新発見時の感動のようなものが薄れてきたのです。人と人とのコミュニケーションの

姿や方法は常に進化します。「対話」を基本とした学びあいは続けていきますが、それ以外の新しいコミュニケーションの手法と技術を模索し、その実証に取り組むことが必要であることを我々は感じていたのです。

　そして、第2に、これまでのプログラム対象が、大学生や社会人が中心だったことがあげられます。なかには、高校生との協働的実践を掲げたプログラムもありましたが、基本的には遠野にはない「大学」で学ぶ「大学生」の考え方から学んだり、同様に遠野にはない「大企業」の組織的な開発力や企画力について学んだりすることで、交流人口の増大を図ってきたわけです。すると、地域の発展や活性化に不可欠な地域コミュニティ、そして小学生や中学生が自然にプログラムから取り残され、真の意味での"小中高一環教育"に綻びが生じることになることを、我々は危惧したのです。

　さらに第3に、これまでの次世代人材育成プログラムはField Work 或いはWork Shopが中心でした。そのことについては、参加者への満足度調査、そして内閣府などの外部機関の評価も高いことから、プログラムの機軸として活用していくことに大きな問題はないと考えています。しかしその設計は富士ゼロックスの研究員やカレッジのスタッフが中心に携わっていること、そして、その構築方法や鮮度に若干の課題を抱えていることが明らかになっていました。

　カレッジプログラムへの参加者は、前年度の参加者から事前情報を入手して私たちのプログラムに参画します。それなのに、毎年ほぼ同じ内容の価値提供では、参加者にとっては驚きやワクワク感が相対的に減少してしまいます。それは、参加者へのアンケート結果が前年に比べて満足度が低下傾向にあることからも明白となりました。つまり、内容は充実させても、主体や構造に進取性が見られなくなることで、参加者のコミュニケーションの活性化が低下することがわかったのです。

　さらに、高校生のメンターである立場の大学生（主に東京大学の学生）が、カレッジでの活動から得られる実践知を、自身の継続的な研究活動や社会活動などへ効果的な活用できていないこともアンケートからわかってきました。参加者である高校生だけでなく、指導する大学生にも十分な価値向上を与える内容でないのなら、カレッジがめざす"魅力あふれる学びあいの場"が成立しません。そして、プログラムの設計や開発において企業（富士ゼロックス）側

に多大な工数をかける割に、満足いく結果が得られていないということになります。そこで私たちは、プログラムの再検討や見直しには、新たなコミュニケーション技術と外部の専門技術の利活用が不可欠であろうと判断し、いくつかの検証と実証に入ることにしました。

2：教育改革と地域活性化、 同時達成が求められる背景

　従来からいわれてきたのですが、少子化の時代においては、地方の教員委員会組織による地方単位の学校教育制度と、その先にある高等学校教育が相互にかつ効果的に機能しあえているかが問われています。遠野みらい創りカレッジは、この地域単位の教育内容と制度を"補完しあう学びあい"の重要性を提唱してまいりました。そして、その学びあいの"場"の創造過程において、コミュニケーション技術と共通価値中心設計を活用した、企業（産）、行政（官）、学術（学）、コミュニティ（民）が連動したプログラムが、子供たちや地域社会に有益であることがわかってきました。というのも、技術や論理に裏打ちされた学びあいの研究を重ねた結果、カレッジで開発されたプログラムにおいて、子供たちと地域社会が一体となって地域の課題を探求し、論理的にその課題解決策を伝えることができるようになってきたからです。

　加えてこれまでの取り組みからの反省を基に、私たちはさらにコミュニケーション技術に磨きをかけ、それを用いて「小学生、中学生、高校生」それぞれに、創造性を喚起させるプログラムの開発と実証を試みていますが、本章で取り上げているプログラムには、共通点があります。それは、教育改革（質の高い教育の開発と提供）と地域活性化を結びつけ、この２つを同時に達成しようとしている点です。

　小中学生の子供たちが地域の宝（資源）であると同じように、小学校や中学校という公的組織も地域の重要な資源であり、子供たちを見守り、育む"場"といってよいでしょう。私たちはその"場"に自らでかけ、教職員の方々やご父兄の皆さん、そして子供たちとの「対話」を通じた関係性の質向上を図ってきました。その関係性に大学や企業の皆さんが加わり始めると、それぞれのニー

ズが交錯します。実践知の集合化が行われるのです。そして、そこに各々の思考の質を変化させるワークショップ等を実践していくと、関与者全員の行動の質が変化しだします。これがマサチューセッツ工科大学のダニエル・キム教授の提唱する組織成功の循環モデル[30]であることは、前著で詳しくご紹介しました。地方の教育組織にもこの循環モデルが有効であることが、今年から始めたカレッジプログラムで証明されつつあります。そして、この循環が教育改革と地域活性化を同時に達成するエンジンとなることがわかってきたのです。

一方、岩手県の教育現場では、まだまだ一般的な義務教育という普遍的な制度の上で、子供たちに社会人としての基本能力を身につけるという理念を展開中です。言ってみれば、そこには独創性やクリエイティビティを醸成させるような考え方よりも、「人間形成」と「学力形成」を基盤とした、社会対応力を身につけさせるような方針が強く展開されているのです[31]。私たちはこのことに真っ向から反対するのではありません。しかし、どうでしょう。欧米や中国では、従来日本では求めてこなかった若年層（10代前半までの子供たち）へのIT教育や論理的思考力向上教育、そして専門的能力開発など、バイタリティにあふれた教育改革と導入に力を入れています。特に若年層の独創性やクリエイティビティを高めると同時に、子供たち自身が未来について考え、自身でそれを切り開こうとする力を身につけさせようとするアクティブラーニング[32]が指導の中心になっています。

一部の高等学校ではこのような教育方針を模索中ですが、地方では指導者にこのような考え方を求めるのが酷なのかもしれません。なぜなら、少子化が加速度的に進むなか、一部の進学校への志望集中の一方で、殆どの高等学校で定員割れの状況が恒常化しつつあります。そして、その対策としての学校統合や職教員希望者減への対応に追われ、魅力あふれる教育改革への着手が遅れているように見えてなりません。このことは、現役や元校長先生へのヒアリングで概ね明らかになってきました。独創性やクリエイティビティ、そしてアクティブラーニングへの対応の遅れによって、子供たちの個性が発揮できる場が乏しくなり、いきおい子供たちのコミュニケーション力も都会の子らと比べて弱くなっているのが現状なのです。昨年、遠野の高校生に論理的思考について学びあう機会がありましたので、その初回に主語を「私」や「私たち」

として、自分の考えを表明することをサジェスチョンしてみました。すると、子供たちは異口同音に「"私が〇〇"、という主張は、家庭や地域で喜ばれない」というのです。ここに、「人間形成」や「学力形成」のゆがみが生じているのではないか？ という疑問が私たちに浮かび上がりました。

3 : 遠野型小中高一貫教育の追求

　私たちは教育者ではありませんので、教育の世界で物事を語ることは差し控えさせていただきます。しかしながら、企業組織の一員としてその弊害を捉え、対応策を講じることは悪いことではない、と考えました。その対応策とは、「人間形成」や「学力形成」を補完するために、子供たちの教育現場に出向き、自らの「みらい創り」を考える訓練を実施した後、カレッジでその実践活動を提案・提供することです。私たちは、カレッジ開校時からそれらの活動に取り組み、訓練と実践活動を一体化させたプログラムを開発と定着化の時間を割いてきました。その結果生み出されたのが、暮らしと文化のカテゴリーにおける「次世代人材育成」なのです。ただ、それは一朝一夕で出来上がったものではありませんでした。

　開校当初は、東京大学工学部の堀井秀之教授（当時）の提唱する社会イノベーション教育や、京都大学の池上惇名誉教授の文化資本によるまち創り教育等の専門的な考え方を参照し、高校生や大学生、そしてコミュニティ組織に対し、社会教育や生涯学習の視点を大切にしたプログラム開発に専念しました。

　しかし、そうした理念に基づいたプログラムよりも、より地域に根ざした文化や社会課題を扱い、小中高生自身の発想力で、プログラミングやフィールドワーク、そして異文化交流を体験することのほうが実践的であることに気がついたのです。その結果、現在の教育内容や制度を補完した実践的な協働研究をベースにした"論理的思考能力向上"支援という学びあい方に帰着することになりました。そしてその支援プログラム開発には、私たちが提唱する"共通価値中心設計"を核とした設計方法が適用されています。

　つまり、専門的な高等教育をめざすよりも、「仮説の設定」「社会の関与者と

の関係性構築」「関与者のニーズ把握」「社会課題解決のコンセプト創造」「共通価値の再確認」「解決策の展開と普及」とつなげていく実践的なアクティブラーニングを実現するため、徹底したクリエイティビティ開発を目的とした「Work Shop と Field Work による探索型リサーチをベースにした論理的思考の追及と伝達」をプログラムのメイン企画として位置づけたのです。

　私たちのプログラム参加者（卒業生）のひとりであり、現在慶應義塾大学環境情報学部１年生の松田開地さんとは、プログラム企画開発で年に何度も東京や遠野で打ち合わせをする機会があるのですが、実は彼との出会いは７年前、実に彼が中学２年生のときに遡ります。まだ、坊主頭だった松田開地さんは目を輝かせながら、我々が「みらい創りキャンプ」と呼んだ"場"創りのイベントに参加してきました。のちに私たちは彼が、小学生の頃から「音」に関する研究を実践していたことを周りから聞かされることになるのですが、とにかく独創性にあふれた"けれんみ"のない少年でした。そして、現在の教育の制度や内容には縛られない"自分の未来は自分で切り開く"感を十二分に兼ね備えていたことは、その後のAO入試へのチャレンジとその結果で明らかになりました。そして今彼は、「遠野のみらい創りを"音の研究"を通じて貢献したい」というのです。

　彼との協働的実践活動は後ほど触れるとして、彼を代表とする遠野の少年

たちは或るワークショップの際、我々に以下のような要望を突きつけました。

1. みらい創り活動を後輩に継続して実践できるようにして欲しい
2. 自分たちの未来を自ら考え、遠野に役立てようとする
   プログラムを企画して欲しい
3. 遠野を慈しみ、育てあうような企画を小学生や中学生に提供して欲しい

　彼らの自主性や目線に感動した私たちは、そのとき展開中であったりプロトタイピング中であったりするプログラムを見直すと同時に、さらに発展的に増強するプログラムを企画し実践することにしました。具体的には、前段でご紹介した "コミュニケーション技術に磨きをかけ、それを用いて特に「小学生、中学生、高校生」という若年層の創造性を喚起させるプログラムの開発と実証" を実施してきたわけです。

　それを基に構築されたプログラムの一例が、市内のスポーツ少年団と高校生を結びつける "スポーツによるひと創り"「剣道交流練成稽古会」と、市内の3つの中学校とそこで学ぶ中学生を対象とした "音によるひと創り"、通称「遠野カンタービレ」なのです。

　そしてそれぞれのプログラムには新しいコミュニケーション技術としての「スポーツ」そして「アート」が用いられ、中学生のクリエイティビティや高校生の未来を切り開く力、つまり創造的かつ論理的に自分の思いを伝える力を育てるアクティブラーニングとして実証・設計されています。まずは、「スポーツ」が青少年のアクティブラーニングにどのように寄与しているのかについて、そのプログラムの成立過程と、実践活動の詳細をご紹介します。

4：スポーツというコミュニケーション技術と社会体育

　実は、カレッジが開校して間もない頃、私たちはサッカーやラグビー、そしてバスケットボールなど、地域の子供たちにも人気のある団体競技に焦点を当てて、交流会を実施しました。

　社会体育推進の先進地域では、これらの競技をいわゆるまち創りや地域活

性化に役立てています。例えば、新潟県の新潟市や静岡県の磐田市がそれにあたります。特に磐田市では、総合計画におけるスポーツの果たす役割を踏まえ、運動・スポーツを通じて、すべての人々が幸福で豊かな生活を営むことができる社会を創出するため、「年齢や性別、障害等を問わず、市民1人ひとりが、関心、適性等に応じて運動・スポーツに参画することができる環境を整備すること」を基本的な政策課題としています。

そして、さらに、「幸福で豊かな生活を営むことができる社会」の具体的な内容を達成するため、課題ごとに政策目標を設定し、運動・スポーツの推進をめざすこととしています。その際、運動・スポーツを実際に「する人」だけではなく、トップレベルの競技大会やプロスポーツの観戦等スポーツを「観る人」、そして競技者はもちろん、指導者やスポーツボランティアといった「支える（育てる）人」にも着目し、人々が生涯にわたって運動・スポーツに親しむことができる環境を整えているのです。そこに、民間企業として磐田市に拠点を持つヤマハ発動機や日本楽器など、当地との深い縁を持つ企業が官民一体となって、その環境構築と指導を実践しているのです。

このような社会体育の考え方の導入をカレッジでは模索していたものの、スポーツ祭のようなイベントで盛り上げるのが精一杯でした。しかし、5年前の岩手国体を契機に、私が所属する富士ゼロックスの剣道部に合同練成稽古会を開催することを呼びかけたところ、快く引き受けてくれました。実は富士ゼロックス剣道部は関東や全日本の実業団選手権で優勝するなどの実績（2018年度は全日本で優勝）があり、多くの指導者も抱えていました。私も剣道に幼い頃から取り組んできましたので、遠野の青少年との交流が剣道を通じて実現したことには大変感激しました。しかし、問題はどのように継続させるか、そしてスポーツを通じたコミュニケーションというものが果たして成立するのか、ということでした。

スポーツは非言語（ノンバーバル）コミュニケーション[*33]の代表格とされ、慶應義塾大学の湘南藤沢キャンパス（通称SFC）では、「スポーツ・コミュニケーション」という講義もなされています。また、スポーツを通じたチームビルディングが、個人の自主性、積極性、チームへのコミットメント、そして役割認知が向上してチームが活性化されること。そして、そのチームビルディングのプロセ

スを通じて、組織やチームの抱える問題点を解決し、組織やチームを効果的に変革するための1つの手段になる可能性が示された[34]、との報告もあります。

　遠野みらい創りカレッジでも、国際交流のプログラムのチームビルディングの際に、参加者のコミュニケーションを活性化させる手段として、体を動かす「ミニスポーツ・アイスブレイク[35]」を採用することがあります。初めて会った人同士は、多少緊張感をもって「対話」に臨まなくてはなりません。その際、体を動かすことで互いのコミュニケーションを円滑にする技術としてスポーツの有効性が証明されているのです。私たちが幼い頃から教育されてきた「体育」は体力づくりや集団行動などを学ぶのが目的でしたが、スポーツはコミュニケーション技術としても有益であり、互いの心や動きを察知する技術ともいえるのです。それを取り入れた社会体育が、学習の大きな柱になることが期待されています。

　社会体育を活用した生涯学習は、遠野市でも1つの部門（生涯学習スポーツ課）として成立するくらい住民サービスの骨組みの1つにもなっています。そもそも、わが国の体育、いわゆるスポーツ振興を図るため、昭和36年6月に「スポーツ振興法」が制定されたことが社会体育発展のスタートポイントとなりました。この法律は、社会体育のみならず学校体育をも包括するものですが、国民のスポーツの振興に関する施策の基本を明らかにし、国民の心身の健全な発達と明るく豊かな国民生活の形成に寄与することを目的として制定されました。国および地方公共団体の任務としてスポーツ振興の施策を実施しなければならないことを明確化した意義はきわめて大きく、この法律を根拠として体育施設の整備や指導者の充実等がいっそう推進されるようになったわけです。

　社会体育の発展を加速度的に押し上げたのが1992年の「Jリーグ」発足であったのは、誰もが疑う余地はないでしょう。地域の官民が一体となってスポーツ振興を進める、人を組織的に育成する、集客に必要なマーケティングを実施する等、社会体育振興のお手本のような事例です。

　カレッジとしても開校以来スポーツでの集客に力を入れてきましたが、イベントに終始してきたことは前にも触れました。しかし、1つの発見はお隣釜石市のラグビーチーム「シーウエーブス」の選手による小中学生へのコーチング

写真2 2018年度 東北復興剣道練成会で汗を流す高校生

が、相互のコミュニケーションを増幅させ、一種の信頼関係構築に役立っていたことでした。遠野といえばサッカーが有名ですが、震災後に活発に行われていたJリーガーを招待してのサッカー教室は、その時は盛り上がるものの社会貢献以上の効果がないように見えました。スポーツ交流の場でも、ある種の論理と工夫がなければ人の行動を変化させることができない、そのことに気づいたのです。

　しかし、剣道などの地域に根ざしたスポーツでは、外部の情報や刺激を拒んでしまう傾向があります。多かれ少なかれ「おらがまちの流儀」のようなものが存在するからです。いかに素晴らしい指導者が訪れようとも、なかなかその壁を真から突き崩して、新旧が融合するがごとくに互いに切磋琢磨できるようになるのには時間がかかるものです。

　そこで私たちはこの剣道によるコミュニケーションをカレッジの交流メニューの柱とし、私自身が地域の人たちとの稽古会に参加してスポーツ少年団の子どもたちに積極的に指導にあたりました。また中学校と高等学校の剣道部にも礼節をもって接し、部活動の場で一緒に汗を流しました。そうして意図的ではなくごく自然に遠野の剣道会の方々、若い世代の剣士たち、そしてご父兄との関係性の構築を実践したのです。この時点では私がコミュニケーション・コーディネーター役を果たしました。その上で、富士ゼロックスの剣道部を招聘しての錬成稽古会を実施したのです。

富士ゼロックス剣道部との練成稽古会では、剣道教室のような一方的に指導する方法ではなく、互いに練成しあう、まさに学びあう形式のコミュニケーション（稽古）をデザインしてみました。2日間の稽古会の初日は、地元のスポーツ少年団への指導を中心に実施しますが、富士ゼロックス剣道部の稽古の方法を丁寧に学習できるようなメニューを、若手部員によってあたかもWork Shopのようにデザインしてもらいました。その指導は富士ゼロックス剣道部主将（当時）の上原祐二さんにお願いし、一方的な指導ではない"学びあいの錬成稽古会"にデザインをお願いし、実践することができました。

　上原さんは高校、大学と第一線で活躍された剣士です。富士ゼロックス剣道部でも信頼が厚く、指導の経験も豊富です。その上原さんに2日間の指導を通してコミュニケーションを重視した指導を事前にお願いし、自らがマイクを持って「やって見せる」「質問に答える」そして稽古を通して「互いの技術や技を尊重する」ことを学習できるような稽古会を設計してもらったのです。そして、できれば今後、遠野市の剣道会の方々もその方法を学習し、常日頃の指導方法に取り入れられるようにしたのです。

　2日目は遠野市、釜石市、宮古市、盛岡市、花巻市、北上市の高等学校の剣道部諸君を招集するのですが、各校異なる方法での稽古をいったん封印し、富士ゼロックスと岩手県警等の合同指導を通じて、新たな学びあいの稽古会と練習試合を実施しています。高校生は指導内容の吸収力が極めて高く、学びあいの効果が即現れます。しかしそれ以上に、この稽古会を3年連続で実施したことで、遠野市だけでなく他の地域（盛岡市や花巻市など）の剣道関係者やご父兄との関係性の質が向上し、剣道に取り組む考え方（思考）の質も変化し始めました。それは、遠野市内の小学校、中学校、高校と学校体育に親しむことが中心であった子供たちが、他の地域や企業、そして警察関係者との学びあいのコミュニケーションを図るという、学校体育を超えた、まさに多様で非日常なコミュニケーション環境が付加されることで、これまでとは異なることを受けいれるという「思考の質の変化」となって現れています。そして、行動面でも変化が生じ始めています。市内の2つの中学校では学校体育の場面においてこれまで以上の切磋琢磨感が生まれ、明らかに稽古内容の質が変化し、結果として部員も増えています。2018年も11月に復興記念大会とし

て練成稽古会を実施致しましたが、スポーツが生み出す新たな交流の輪をさらに広げ、継続させるために、高校生の個人戦を企画するなどの「記念大会化」することも検討中です。

5：多様な人々やグループが参加可能な
アートによるコミュニケーション

さて、以上のように、スポーツというコミュニケーション技術を社会体育に取り入れて、限られた人的資源を活性化させて人材育成・発掘につなげることが可能であることがわかってきました。昨今では、このような活動が多くの地域でも実践され始めていると聞きます。しかしながら、スポーツの場合は、その種目の数だけ対応する必要があり、特に運営側の負担が大きいという頭の痛い問題があります。

一方、音楽による地域おこしや被災地支援は多様な人々やグループの参加が可能で、その多くの事例がメディアに取り上げられています。私たちが活動

写真3　MEPによるティーチングWSの様子@遠野中学校
左は指揮の神成大樹さん、右は音楽プロデューサーの中島直樹さん

している三陸沿岸地域でも有名ミュージシャンや音楽活動家によるコンサートなどによって、多くの被災者が勇気づけられ、そうした活動が彼らの希望へのかけ橋になったことはいうまでもありません。芸術やスポーツのなかでも、とりわけ音楽が人々の心を和らげ、何かことを成し遂げようとする人の心に強く届き、その人を動かす原動力になるのでしょう。

　カレッジの活動を通じて知りあったのですが、音楽振興を全国的に展開していらっしゃる株式会社ヤマハミュージックジャパンは、音楽によるまち創りを推進しています。それが、リーダーの佐藤雅樹さんを中心に実践中の「おとまち」です。それは、音楽の人と人をつなぐ力を活用して、地域活性化や企業と社会の共有価値の創出をお手伝いする活動で[*36]、自治体や企業と一緒に課題を共有し、地域の資源を活用した最適なプランニングと実践を主要な目的としています。そして、「メンバーの育成やプログラムの改善を通して、その主体を徐々に市民側に移していくことで、いずれは持続可能な魅力あるコミュニティへと自立させていく」ことを目的とした支援活動でもあります。この点は、カレッジの活動目的と合致しています。

　音楽とは「人間が組織付けた音」[*37]といわれています。そして、それから構成された芸術や表現は、私たちが得ることとなった新たな知識ともいえましょう。いわば社会の中にある組織と同様に、眼に見えないつながりのようなものかもしれません。ゆえに、私たちは音や音楽に「感じ」「立ち止まり」「耳を傾け」「次の行動」につなげていくのです。従って、現代人が後世生み出した新しい知識やフィジカルな運動（スポーツ）や芸能に比べてより身近な存在ともいえます。その音楽をコミュニケーション技術として活用し、実践しているのが、「遠野カンタービレ」と題する中学生との音楽交流・連携をベースにした人材育成イノベーションプログラムです。

6：Mother Earth Projectによる　ティーチング・バイ・アートの実践

　このプログラムは、カレッジの別のプログラムで出会うこととなった東京藝術大学の学生を中心に組織された「Mother Earth Project（以下MEP）」[*38]活

動との偶然の出会いからスタートしました。実は、カレッジで首都圏や東北の高校生を対象とするプログラムの記録担当で遠野を訪れていたのが、東京藝術大学3年生（当時）でMEP代表の中島直樹さんでした。彼は、中学校2年生のときに東日本大震災を、被災地から遥か離れた東京で知ることになりました。その後、父親に連れられて沿岸被災地を訪れた中島さんは、自分が進もうと考えていた音楽（アート）の世界から被災地支援ができないものかと考え抜き、高校2年生のときに友人数名とMEPを立ち上げました。そして、全国からオーケストラメンバーを公募し、自分たちの思いを伝える楽曲を創作して被災地に伝えながら、音楽の持つエレガントなパワーで子供たちを中心に夢や希望を伝えることで、まち創りを側面から支援したのです。

　偶然中島さんとカレッジで出会った私たちが即座に依頼したのが、音楽ワークショップでした。そして被災地を音楽で明るくしてきた彼らは、「遠野市の美しい自然を音で表現する」ことをテーマにワークショップを設計し、参加した中高生と一緒に遠野の自然を音やリズムで表現したのです。遠い青空を背景に一頭の馬が青い草原を駆けぬけていく様を、プロの馬頭琴奏者として名高いセーンジャー氏[39]も交えて即興でセッションするうちに「ふるさとを慈しむ曲と詩（うた）を中学生たちと触れあいながら創作しよう」というコンセプトが生まれました。それが「遠野カンタービレ」です。

　実は、コミュニケーション技術を研究している私たちは、対話のほかに関係の質を高めあう方法を模索していました。というのも、対話によるコミュニケーションで相手の話を傾聴し、自分の考えを丁寧に伝えることを中学生たちと実践してきたのですが、もっと彼らのクリエイティビティや発想力をかきたてるような手段があれば新たな触れあいが生まれ、従来にない未来が見えてくるのではないかと考えたからです。加えて、そうした未来は子供たち自身の実践活動から生み出されるとしたら、さらに強いつながりが生じ、継続的な目標を掲げることができるはずだと考え、私たちはMEPとの協働的実践活動に新たな可能性を求め、MEPのメンバーにコミュニケーション・コーディネーター役をお願いしたのです。

7：詞（ことば）を紡ぎだすコミュニケーションの実践

　市内の３つの中学校とのワークショップ、具体的には遠野中学校との曲創り、遠野西中学校との詞（ことば）創り、そして遠野東中学校との表現創造は、私たちにとって初めての試みでした。そして、これは「音楽（アート）」を媒介したコミュニケーションがどのように人の心に創発力や創造力を埋め込むことができるのかを推し量る実証実験でもありました。

　ここで、「遠野カンタービレ」のグランドデザインの概要を紹介しますと、各中学校にそれぞれ遠野ならではの自然や文化、そして暮らし方を創造させる「曲（モチーフ）創り＝遠野中学校」「詞（ことば）創り＝遠野西中学校」「表現（舞踊）創り＝遠野東中学校」を担当していただき、MEP編曲の遠野共創曲を完成させることが、そのデザインのベースとなります。そして、１年目は各校の別々の取り組みを「ふるさと遠野音楽祭」という場で、１つの作品（共創曲を中心とした音楽表現）として発表します。そして、２年目は地域合同の実践的な（総合）活動として教育改革を実現させ、３年目は地域主体に実践でき、かつ他地域との交流も視野に入れた「社会的な活動」として定着化させる、というものです。

　そのデザインと総合プロデュースは筆者を中心にカレッジが担当しましたが、

写真4　MEPのメンバーによる詞創りワークショップ＠西中学校

図表1　遠野西中学校で実施されたワークショップの概要

	実践カリキュラム概要	担当
1	アイスブレイク	全員
2	Mother Earth Projectの活動、本日の進め方紹介	中島
3	遠野中学校での成果の共有（モチーフ「遠野の青空」）	同上
4	ワークショップA；遠野についての言語化 ・個人で「遠野といえば？」を考える→グループ内で共有する ・他のグループと共有し、5〜6つ程度のKey Wordを抽出する	野田
5	ワークショップB；遠野についての言語化をさらに進める ・Key Wordをつなげ文章化する（グループ討議）	野田
6	ワークショップC；詞（ことば）の重要性を知る ・「竹とんぼに」という合唱曲を声楽家のメンバーが独唱（歌詞は渡さない） ・詞からどのような情景が創造できるか？　個人ごとに振り返る ・歌詞を渡してさらに独唱を聞く ・詞の持つ力についてグループディスカッション	大塩
7	アイスブレイク	全員
8	ワークショップD；作詞に取り組む ・ワークシートに沿ってストーリーを構築する ・言葉の言い換えや修飾について学ぶ ・作詞されたストーリーに曲をつける（グループがピアノの前に集合） ・出来上がった曲を声楽家のメンバーが独唱で披露する	中島 野田
9	合唱指導	神成

ワークショップのデザインと実践、そして、音楽プロデュースは基本的にMEP
に参加している大学生を中心に進められました。彼らは実に新鮮かつ創造性
にあふれたワークショップを設計してきました。それが「ティーチング・バイ・
アート」と今私たちが呼んでいる手法です。それを、東京藝術大学を中心とし
た学生たちのクリエイティビティに任せる形でワークショップの設計から実践
までをお願いしたのですが、中学生の気持ちを巧みに引き出すデザインがとて
も優れていたほかに、藝大生ならではの演奏や合唱指導もあり、教育を超え
たアクティブラーニングの域に大きく踏み込んだ内容となっています。進め方
の例として、遠野西中学校（対象は合唱コンクール参加希望生徒30名）でのワー
クショップをご紹介します。（図表1）

　私たちが「ティーチング・バイ・アート」としてもっとも注目したのが、ワーク
ショップCでの"詞（ことば）の持つ力や意味を知る"ことでした。中学生は歌
詞を渡されないで「竹とんぼに」（岸田衿子作詞、木下牧子作曲）という曲の独
唱を聞きます。はじめは詞を追いかけるのですが、なかなかイメージが湧きま

せん。しかし、2回目の独唱から竹とんぼがあたかも一人で空に上っていく情景が少しずつ瞼の奥に浮んできます。そして、渡された歌詞を読み込み、詞(ことば)の持つ意味を振り返るのです。そこにどのようなストーリーがあるのか、そしてその詞（ことば）からどのような気持ちを抱いたのか、何に突き動かされたのかを話しあうのです。

「もし本当に行ってしまったら ……」「こっそり戻ってきて」「ここを忘れないで」などの詞（ことば）に、作者のどのような思いがこめられているのかを共有するティーチングは、中学生らは詞（ことば）を大切にすること、詞（ことば）が創造力を掻き立てることなどを学習することができました。同時に、大学生たちもアートが人の心を突き動かし、コミュニケーションが深まるたびに、教育から「学習」へと質が変化していくことを学ぶことができました。つまり、ティーチングの効果として、教える側と教えてもらう側に学習の相互作用が発生することがわかったのです。

このワークショップをさかのぼること3か月前、遠野中学校の吹奏楽部の諸君には奮闘に奮闘を重ねてもらい、「遠野の自然と人」「遠野の妖怪」「太鼓の音色」「小鳥のさえずり」のモチーフを創造していただきました。そのプロセスの紹介は割愛しますが、その「遠野の自然と人」というモチーフに東京藝術大学楽理科3年の野田絵美莉さんを中心とした詞（ことば）チームは、ワークショップで産み出された詞（ことば）を膨らまして詞を添え、「ふるさと遠野"第1章　自然と人"」の合唱曲を創ったのです。

遠い空見上げれば　美しき夢広がっている
青き空見渡せば　きらめく日々が広がっている
豊かな緑が包む　夜空の星たちも輝いて見てる
僕たちの街は　僕たちの道は続く
いつかこの夢を叶えて　出会った人に伝えてゆく
これから　ずっと

遠き空見上げれば　美しき夢広がっている
この街に生まれたら　豊かな自然とあたたかな人

楽しい日々が出会い

Oh… この遠き空の下で　My home

（作詞　遠野西中学校特設合唱隊、野田絵美莉；原文をそのまま引用）

　遠野の自然や人について学ぶために、私たちとMEPのメンバーは遠野を代表する景勝地である「高清水高原」「貞任高原」「荒川高原」に足を伸ばしました。特に「高清水高原」の雲海の美しさには目を見張るばかりでしたが、私たちが心を打たれたのはそこでの自然や人、人と生き物の営みでした。

　自然の中で暮らす人々の営みの気高さや、堂々たる自然の豊かさを感じるうちに、遠野で暮らす子供たちに敬意を払うことを忘れず、MEPのメンバーは多くの時間を割いて共創曲創りに没頭していくことになりました。

　音楽が「人間が組織付けた音」であるなら、社会の中にある組織と同様に組織が人に、そして所属する人それぞれが影響しあって、関係の質を高めあうための大きなエンジンになります。詞（ことば）を紡ぎだす作業の中で、教える側と教えてもらう側に単なる発語や「対話」を超えた、詞（ことば）に含まれた自然の営み、時間、そして心理などを相互に感じあえるものが確かにある、そう思えたのが「詞（ことば）創り」ワークショップでした。

8：表現創作によるコミュニケーションの実践と　全行程の発表

　試みがもたらした成果と意味をより確かなものにするため、私たちは次の計画を進め、身体表現によるワークショップの設計をMEPに新たに参加した、東京藝術大学の徳安慶子さん、お茶の水女子大学の徳安優子さん姉妹にお願いしました。そして、昨年の9月21日のことですが、私たちは実践のために、遠野市立東中学校にお伺いしました。そのワークショップの内容は、以下の通りです。

　このワークショップの目的は、中学生にアートの1つである身体表現を学んでもらうだけでなく、実際に「ふるさと遠野音楽祭」の場で遠野の自然を表現するために、その代表である「風」の表現を、1年生45名（男子23名、女子

図表2　遠野東中学校で実施された表現ワークショップの概要

	遠野東中学校でのワークショップ内容	担当
1	アイスブレイク	全員
2	Mother Earth Projectの活動、本日の進め方紹介	中島
3	表現作品紹介「舞の灯火」；遠野祭りを題材にしたオリジナル作品	YK
4	ストレッチ ・手足ほぐし ・架空キャッチボール ・歩行：ハイタッチ	YK
5	ワークショップA；遠野についての言語化をさらに進める ・遠野の自然や良いところの発表 ・その中からOneテーマをYKが即興で表現 ・生徒からのお題について即興表現→生徒自身による表現	YK
6	ワークショップB；基本的な表現学習 ・遠野に吹き抜ける作品「風」をテーマにした表現を紹介 ・表現の基本を学ぶ：回転、ジャンプ ・作品「風」を生徒たちへコーチング ・生徒による表現学習→作品「風」をマスターする	YK
7	アイスブレイク	全員
8	ワークショップC；グループワークと発表 ・5つのグループに別れ作品「風」の続きの表現作品を創作 ・独自テーマの選定 ＊「嵐」「緩やかな凪」「潮風」「WIND」「田をそよぐ風」 ・出来上がった表現作品を各グルーで披露→全員による表現	YK
9	合唱指導	木村

＊YK（徳安優子、慶子）

22名）の組織力で創造することでした。私たちは前回の詞（ことば）を紡ぎだ
す作業を通じて、アートによるコミュニケーションには、人間の創造性を掻き
立てるものがあることを発見することができましたが、学びあいのなかで関係
性の質が向上することで、どのような思考や行動の質の変化が生じるかまでは、
詳細にはつかみきれませんでした。

　上記のワークショップのデザインは、前述の創作舞踊に幼い頃から取り組
んできた双子の徳安姉妹が設計しましたが、彼女たちは初めて出会う子供た
ちが本当に創作活動に気持ちを集中させて、期待通りの成果発揮できるのか、
不安なままに指導を始めたと述懐しています。それだけ、これまで学んできた
表現技術が、ある種のコミュニケーション技術として人間の思考や行動にイン
パクトを与え、創造力あふれる結果を残すことができるのか否かは、想像でき
なかったのです。ところが、グループに分かれて自分たちがイメージする「風」
の小テーマを検討し始めたとき、彼らの思考がたちまち変化しました。

写真5 MEPメンバーによる身体表現ワークショップ＠東中学校
中央で指導に当たる徳安優子さん

　田畑を包み込む緩やかな風、山里を揺さぶる嵐、被災地を吹く潮風や凪、見たことのないWINDの情景……、彼らは姉妹が表現した遠野の「風」を自分たちが知る時間軸（過去、現在、未来）に当てはめ、オリジナルな「風」を表現することに成功したのです。その結果、表現というアートに含まれた自然の営み、時間、そして心理などを相互に感じあえるという思考の質の変化と、実際に自分たちの表現を創造するという新たな行動の質を獲得することができたのです。つまり、アートが創造性を生み出すコミュニケーション手段であり、作曲、作詞、表現創造が人や組織の関係性、思考、行動の質を変化させるに十分な「コミュニケーション技術」であることが実証されたのです。

　ティーチング・アーティストとは、教育分野における高度な参加型学習モデルとして、公共施設などにおける芸術・音楽のアウトリーチ活動において必要不可欠なスキルである、と定義されています[*40]。それを前提として、遠野みらい創りカレッジの場で実践されているティーチング・バイ・アートは、その学びあいの中で双発的な相互作用を生み出し、創造力を生み出す技術です。この

ように、これまでの活動から定着化が進んできた「対話」を通じて思考の質を高度化させていくプロセスを保持しつつ、アートを活用したコミュニケーション技術に磨きをかけ進化させていくことは可能なのです。

　遠野カンタービレは、本年1月27日に「ふるさと遠野音楽祭」として大団円を迎えることとなりました。総勢150名を超える方々に参画いただき、共創曲「ふるさと遠野」を大変多くの遠野市民の皆様にお披露目することができました。まさに「質の高い教育をみんなに」という気高き目標に向かって、確実なスタートをきったといってよいでしょう。

　遠野東中学校が担当した身体表現は、「ふるさと遠野“第2章　馬と祭”」に合わせて聴衆に披露されました。プロの舞踊家のような“一糸乱れぬ”といった演技ではないものの、遠野祭りの源流ともいえる「青笹しし踊り」を参考にしたユニゾンや、馬の疾走風景を表したカノンを、まさに一丸となって表現している姿に、多くの方が胸を打たれ涙したことが、そのでき映えの質の高さを表しているといってよいでしょう。地道なワークショップで関係性の質を一気に変化させ、関与者の思考や行動の質を変化させたことで「質の高い教育」が実現できた瞬間でした。

　MEPのメンバーが掲げた「豊かな心を創造すること」「遠野の魅力を音で表現すること」そして「地域を慈しむ心を分かちあうこと」それらが本プロジェクトの全行程で協働的に実践されました。映像プレゼンテーションには、各中学校との間でどのようなコミュニケーション技術を活用したのか。そして、どのような行程で思考の質を変化させ、遠野市民を巻き込む行動へと変質していったのかが盛り込まれました。そして、楽曲発表の場においては、その結果の質がどのようにデザインされたのかを、参加者全員で伝えることができました。

　さらに、それぞれが得られた価値について言及するなら、第1に中学生は仲間と助けあいながら新しいコトを創り上げることを学びました。かけがえのない友情や、いくばくかの郷土を慈しむ心も醸成されたことでしょう。第2にメンターであるMEPのメンバー（大学生）は、自身の研究や演奏目標を達成し、これからの進路や社会活動の糧を発見したとの声が、アンケートから抽出されました。第3に地域社会は、「ふるさと遠野共創曲」という新しいコンテンツ

を得、より一層の協働的な実践活動に活用することになります。中学校でも、このコンテンツを効果的に活用した学びあいの総合学習を設計することも容易になりました。市民主体の文化力向上や魅力あふれる教育環境つくりは、遠野市の政策目標の1つです。行政としても、それらの政策を実践する場がカレッジとの協働の中から生まれたことに大きな意味があるのです。

しかし、この取り組みはまだ始まったばかりです。今年度は、さらに参加者や表現方法を変化させて、新たな融合を産み出す取り組みが始まります。触れあうように学ぶ場に新しい担い手を招き入れ、教育改革と地域活性化を同時に達成する仕組みがまた1つ加わったのです。その結果、中学生の故郷を慈しむ心の醸成が進み、遠野の活性化に不可欠な"次世代を担う人材育成プログラム"がさらに進化したことで、「ひと」創りが一歩前進したといってよいでしょう。

前述の慶應ボーイ、松田開地さんは2018年からMEPに加わり、地元出身のコミュニケーション・コーディネーターとして、大活躍していただきました。そして、翌年度以降は中心的な役割を担うことになりました。カレッジでは、このような地域リーダーの育成も同時に進められているのです。

9：進化させたコミュニケーション技術による "ひと創り"の論理

さて、ここまで、アートによるコミュニケーションを中心に私たちの新たな挑戦を紹介してまいりましたが、こうした次世代を担う人材育成を狙ったプログラム企画と展開は2018年から始まったばかりです。しかし、参加してきた子供たちは自身の経験に及ばない新しい外部刺激を媒介としたコミュニケーションを身につけ、眼を輝かせながら指導者に疑問を投げかけ、回答を求めます。こうした知識の入出力は学校ではあまり行われてきませんでした。先生が指導要領に則った方法や考え方を、あまりよい言い方ではありませんが一方的に押しつけてきたのが、これまでの学力や人間を形成する唯一の手段だったのかもしれません。

論理的に正しい方法で、アートなどのコミュニケーション技術をもって子供

図表3　次世代を担う人創り（人材育成）の指針と目標

人材育成の指針	中期的な成果目標
1 社会性の習得	子供たちの発達段階に即して、一人ひとりが社会と深くつながっていることを学び、友人や家族、そして地域社会の人々を愛し、体得した知識をよりよい人生や社会づくりに生かそうとする社会貢献力を獲得する。
2 論理的思考力の習得	子供たちが年代別な価値観に即して、自分自身の意図的かつ主体的な活動を実現するためにどのように考え動き、同時に他者と連携してどのように組織的に活動すべきか、その行程でどのように改善していけばより意図した活動に近づくのか、といったことを考え抜く力を育成する。
3 イノベーションを見つける力の習得	子供たちの身近な社会生活環境において常に疑問を持ち、その疑問の解決には社会を大きく動かす力があることを気づくこと。そして、自身の考え方や組織的な実践活動が及ぼす社会的影響を理解するとともに、自らが楽しみながらその問いに対する答えを導き出し、実践することができる。

たちと向き合うこと、これは人間だけに許されたヒューマンスキルだといえるでしょう。若年層の持つ潜在能力は計り知れません。彼らが獲得すべき力、我々サイドからすれば、将来世代への人材育成の指針を具体的に示すとすれば、図表3のようになると思います。

　触れあうように学ぶ場にMother Earth Projectに代表される新しい担い手を招き入れ、教育改革と地域活性化を同時に達成する仕組みがまた新たに加わりました。剣道交流のようなスポーツによるコミュニケーションは、地域の底力を引き出すだけでなく、確実に青少年の独創性を高めることになります。アートによるコミュニケーションは、将来世代に創造性や地域を慈しむ気持ちを醸成します。

　私たちは、コミュニケーション技術に磨きをかけ、それを用いて「小学生、中学生、高校生」を対象に、彼らの創発的な創造性を喚起させるプログラムの開発と実証を、遠野だけでなく人材育成に取り組み始めた地域にも展開・実践していきたいと考えています。

　さて、これまで2018年度から取り組んでいるプログラムの開発過程とその内容についてご紹介させていただきましたが、その目的は、企業（産）、行政（官）、学術（学）、コミュニティ（民）のニーズが乗じる形での協働的な実践活動を継続させていくには、どのような理屈や意思決定、そしてリーダーシップやコーディネート力が必要なのか。それはどのような形で実行されるべきか。そして、成果を生み出すためには、どのような創意工夫が必要なのか、という

疑問に応えるものであることを本書冒頭で明示させていただきました。本章ではそれらの問いに対するお答えを示したつもりですが、科学的に裏打ちされたコミュニケーション技術を学びあいの現場で、その時点のニーズに則する形に進化させて活用していくことだと考えています。

Herbert A. Simon教授（1965）は、コミュニケーションを「組織のあるメンバーから別のメンバーに決定の諸前提を伝達するあらゆるプロセス」と定義しています。また、彼は、組織においてコミュニケーションの効果を高めるために、道理を説いたり、弁じたり、説得したりしなければならないと強調しています。そして、「コミュニケーションの機能は、それを伝達する人の心からなにかを取り去ることではなくて、それを受け取る人の心や行為になにかを入れ込むことである」と指摘しています[41]。

前著では、「受け取る人の心や行為になにかを入れ込む技術」をコミュニケーション技術と定義しました。つまり、企業組織や社会生活の中で必要な事柄を決めるために、いろいろな考え方の人たちの知識、考えや言い分などを伝達・交換していく過程で、関与者の心を動かして実際の行動につなげる技術なのです。

また、Kenneth J. Gergern教授（2015）は、コミュニケーションをリーダーシップに必要な技術と位置づけています。そして、コミュニケーションとはリニアなものではなく、互いに意味をつくるプロセス、すなわち「継続的な調整のプロセス」と表しています。その技術の最も古典的なものの1つが「対話」です。「みらい創り」活動では、この「対話」というインターネット上の技術とは対局的な、人を中心とした古典的なテクニカルプロセスを意図的に設計しています。そして、「対話」が各組織間の関係性を構築した上で課題を共有し、結果として活動自体を前進させるための総意形成の原動力になったことを示しています。

「みらい創り」活動におけるコミュニケーションの前提は、企業などの組織内のコミュニケーションだけではなく、行政・企業・研究団体・コミュニティ組織間のコミュニケーションです。このような多様な組織を越えて互いの「実践知」を集合化させる力を「対話」は持っているのです。

しかし、もう一方で、"技術的合理性"に裏打ちされた科学的で標準的な

環境から現れる能力だけではなく、合理的で的確な指摘や完璧な記述ができない現象であっても、それを正しく認識する別の「力量」が求められます。それは、言葉で伝えきれない適切な判断基準、規則や手続きを説明できない技能の伝承、或いは暗黙の認識や判断に基づく熟練したふるまいなどがそれにあたります。熟練した技術者または熟達者の、行為の中で省察を繰り返した、言葉では伝えられないような絶妙な適用タイミングを見計らった指導力が、技術者が持つ「力量」なのです。

　そして、2018年度の取り組みによってアートという新しいタイプのコミュニケーション技術が、関与者の創発的な創造性を発揮させることがわかってきたことで、「対話」や現場のプロデューサーの実践の中から生み出された意思決定をベースとした管理手法とあいまって、「ひと」創りに多大な影響を与える新しいコミュニケーション技術との共存が可能であることがわかったのです。

　「対話」を中心とした実践知の集合化による課題の発見が、第1のタイプのコミュニケーション技術による場創り、ひと創り、産業創造の論理であるのに対し、「アート」は、対象となる個人や組織に自ら動き、考えようとするパワーを埋め込む、主に若年層だけが持つ創発的な創造性を導き出す第2のタイプのコミュニケーション技術であると考えます。この第2のタイプのコミュニケーション技術は、人間の主体的かつ創発的な創造性を掻き立てます。そして、関与者相互に多様な価値を付与し、社会課題解決の当事者となる若者たちの思考、行動の質を変化させ、結果の質を変えるエンジンとなるわけです。この「対話」と「アート」という2つのタイプのコミュニケーション技術をカレッジのプログラムに埋め込み、対話と省察によるマネジメントを施すことで、将来の担い手創造に役立てることができるのです。

注：

* 28 互いに意味をつくるために必要な継続的な調整プロセスで用いられる、古典的なコミュニケーション技術。

* 29 対話などへの参加者の持つ経験などが、対話を通じて創出される創造的な知見を「集合知」と呼ばれている。

* 30 Daniel H. Kim, "What is your Organization's core theory of success?" in his Organizing for Learning: Strategy for Knowledge Creation and Enduring Change. Pegasus Communications, 2001, pp. 69-84.

* 31 平成30年、岩手県教育委員会教育指導方針参照。

* 32 学習者である生徒が受動的となってしまう授業を行うのではなく、能動的に学ぶことができるような授業を行う学習方法。生徒が能動的に学ぶことによって「認知的、倫理的、社会的能力、教養、知識、経験を含めた汎用的能力の育成を図る」（2012年8月中央教育審議会答申）内容だとされている。

* 33 畠山誠、西田豊明「同調動作に基づくロボットと人間のコミュニケーション」第17回人工知能学会全国大会予稿集, 2003。

* 34 芳地泰幸、水野基樹「大学生アスリートを対象としたチームビルディングに関する事例研究」順天堂スポーツ健康科学研究第2巻第1号（通巻55号），28〜34（2010）。

* 35 田中久夫、森部修『アイスブレイク＆ミニスポーツゲーム』経団連出版、2013年。

* 36 株式会社ヤマハミュージックジャパン、おとまちHPより。

* 37 ジョン・ブラッキング『人間の音楽性』岩波現代選書、1978。

* 38 2013年設立された「音楽」を通して「社会貢献」をする団体。オーケストラメンバーは毎回の活動ごとに日本全国に呼びかけ、志を同じくして集まったメンバーで結成されている。今までに参加した学生は150名にのぼり、現在は「遠征」「ジモティ」「内部交流」の3タイプのプロジェクトで社会貢献活動を実施中。

* 39 内モンゴル出身、内モンゴル芸術学院卒業後来日。大東文化大学大学院修了。2005年「スーホと白い馬」映画主演、音楽監督を自ら行い、文部科学省選定作品に選定される。

* 40 『ティーチング・アーティスト；音楽の世界へ導く職業』Eric Booth 著、久保田慶一監訳、水曜社、2016年10月。

* 41 組織経営の古典的著作を読む（Ⅱ）、ハーバート・A・サイモン『経営行動』、財政金融委員会調査室 小野伸一、2013年11月。

稼げるまち創りに向けた
"カレッジ進化論"

"まち・ひと・しごと"創りに必要な
新しい仕掛けとイノベーション

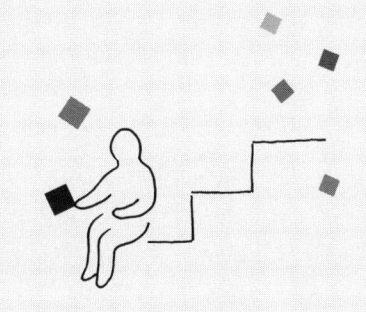

まち・ひと・しごと総合戦略で掲げている産業振興を「学びの拠点」「社会教育プラットフォーム」構築の観点で支援し、遠野市の人口流出に歯止めをかけ、かつ交流人口を増加させることはカレッジ設立の目的の1つである。そして、2018年に取り組んだのが、旧土淵中学校の利活用の検討段階から持たせたいとしていた重要機能の中で、「食を育む研究開発」を通じて、試作からサービスまで検証・提供できる「食育支援研究環境」と、遠野らしい食材提供を可能とし、かつカレッジの緑豊かな環境を生かした「食育カフェ」を新たに装備することであった。この整備事業こそが、SDGsを掲げた地域活性化そのものであり、この事業によって「学びの拠点」を具現化する「社会教育プラットフォーム」が完成することになる。その結果、総合戦略の実現を垂直的に立ち上げ、他の地域にはできない「社会教育プラットフォームを備えた学びの拠点」が交流市民全体に提供され、ここに参画する全ての「産官学民」相互の価値が向上するという意義を持つことになるのである。この整備事業のプロセスを行政とコミュニティ組織の役割を中心に分析し、特に推進役となった行政マンの視点で「しごと」創りの構築論理に言及する。

1：「研究開発思考」による「エコシステム」の 達成に向けて

　1章では協働の「まち」創りの論理、そして2章では「まち」創りに不可欠な「ひと」創りの進め方の具体例を示すことができました。本章では、「ひと」が交流しあい、連携しあって実践される「しごと」創りの事例を行政とコミュニティの視点で表すこととしました。地域社会が関与者間でどのように協働しながら生業（なりわい）を創造していけばよいのか、具体的な進め方を提示したいと考えています。

　それにはまず、2019年度より遠野みらい創りカレッジで新たに取り組む「食

を育む研究開発」の実践を通じて、生産性革命とSDGsを掲げた「しごと」創りを同時に達成する、カレッジ独自の創意工夫と仕組みに関してご紹介したいと思います。それはとりもなおさず、本書のテーマである、企業（産）、行政（官）、学術（学）、コミュニティ（民）のニーズが乗じる形での協働的な実践活動を継続させていくには、どのような理屈や意思決定、そしてリーダーシップやコーディネート力が必要なのか。それはどのような形で実行されるべきか。そして、成果を生み出すためには、どのような創意工夫が必要なのか、という疑問に応えるものです。

そのなかでも、カレッジという学びあいの"場"がめざす「効果的」かつ「永続的」な取り組み、それは本年度の重点目標として言い換えるなら「研究開発思考」と「エコシステム」が同居している学びあいの"場"といえるものです。そして、それに関連するプログラムをどのように企画立案し、実践的なモデルとして構築しているのかについて論理的に表すことが、その答えになると考えました。つまり、この2つの或る意味相反する仕組み（「研究開発思考」と「エコシステム」）を、現場の創意工夫でどのようにマネジメントしていけばよいのか、それが本書の問いに対する本章の回答になるわけです。

今年度の内閣府の方針のなかから地域活性化に関連する部分を切り出して見ますと、「各地方のニーズや強みを活かしながらSDGsを推進し、地方創生や、強靭で環境に優しい魅力的なまちづくりを実現すること。それを、政府が一体となって、先進的モデルとなる自治体を支援しつつ、成功事例を普及展開する」という、SDGsを原動力とした魅力的なまち創り推進が掲げられています。さらには、SDGsを念頭に置いた新たな目標値を掲げることで、企業組織を中心とした科学技術によるイノベーションの推進、さらには、その体制づくりや投資促進を企業経営やベンチャーの新たな取り組み目標にすることも呼びかけています[42]。これらはまさに、産官学民一体で取り組むべき目標であり、それぞれにSDGsを強く意識した政策なり方針を掲げる必要があるわけです。

しかしながら、日本の企業においてはCSR部にその活動を任せっきりにしているせいか、ミドルマネジメント層へのSDGsへの取り組み意識の浸透率は欧州企業に比べて著しく低い[43]のが現状です。企業経営者が厳しい競争

環境の中で、SDGsをベースにした新たな目標を設定してゴールインするために、企業外部から必要な新たな知識や技術を獲得するのも容易なことではありません。

　さらには、地方行政においては矢継ぎ早に示達される政府方針にキャッチアップしようとするのが精一杯で、生産性革命はおろかSDGsへの取り組みに対する正しい理解が得られているのか、はなはだ疑問といわざるを得ません。それだけ、生産性革命やSDGs、わかりやすくいえばカレッジで取り組んでいるような「研究開発思考」と「エコシステム」を企業目標や行政施策に入れ込むことはとても難しいのです。

　それにもまして難しいのは、生産性革命やSDGsを意識した諸活動は、単一の企業や大学、そして行政や地域社会で取り組めるようなものではないからです。というのも、それらの目標を達成するためにはサプライチェーンや関連するステークホルダーの理解や協働、企業組織を例にあげれば投資家や顧客の理解と賛同など、関連する組織との連携や連動が不可欠だからです。もっと平たくいえば、運動会のリレー種目で「自分たちはやるぞ！」と声高に叫んでも、そもそもどこをどれだけ走るのか、何名で走るのか、どのような人を集めてどれだけ練習すればよいのか、競争相手はどこなのか、そしてどこに向かって走るのか……、1人では決められないのが生産性革命やSDGsへの取り組みなのです。

　2018年末、私たちは市と協調してSDGsを掲げた「カレッジの再整備」と「実践的な運営」に着手することになりました。この取り組みを成功させるためには、行政のみならず地域コミュニティ、研究機関、そして他の企業組織と共創しあう必要があります。本章ではその共創の方法と協調の論理をご紹介します。

2：生産性革命の実践に向けた準備と　行政側のキーマンの果たす役割

　現在日本では、政府を挙げて生産性革命の実践に取り組んでいます。政府機関（内閣府、経済産業省、国土交通省など）は、日本経済にはまだまだ潜在的

な成長力があるとしており、その成長力を高めるとともに、新たな需要を掘り起こしていくため、働き手の減少を上回る生産性の向上政策を発表しています。また経済界からも、既存産業の中長期的な担い手不足を受けて、労働者の確保・育成や働き方改革を進めることも骨太の政策としています。社会全体の生産性を高め、人々の成長期待を高めることができれば、企業の設備投資や賃上げ、さらには個人消費の拡大が促されます。これが一時的な需要の喚起にとどまらない持続的な経済成長につながり、さらにその成果が働く人に分配されることによる好循環が期待されているのです。

　一方、遠野みらい創りカレッジは、2016年度より一般社団法人として自主運営が開始されました。その運営方針の1つは、行政に対するシンクタンク的な機能を保持することで、主に社会教育や国際交流に関する政策実現のための提言や実際の企画案の提示を通じて、住民サービスの向上を支援しています。また、前述の政府機関から発表される個々の政策実現に向けた実践活動のために、遠野市からの委託事業費を独自に開発したプログラムに反映させ、市内外の参加者に対して広く公益事業を提供することを、もう1つの方針としています。

　このような方針を持ったみらい創りカレッジのような“場”においては、生産性革命やSDGsといった新たな取り組むべきテーマが、行政などから持ち込まれます。行政と企業、そして研究機関との間での密接な関係性があればこそ、そうしたことが定着化しているのです。このような地域での実践的な協働を推し進めるのには、組織力の向上を目的とした人材育成が欠かせません。実は、開校当初から遠野みらい創りカレッジでは、人材育成を目的として遠野市役所から毎年カレッジのスタッフ1名の人材派遣（研修生）を受けています。本章のテーマである「しごと」創りに、このスタッフが大活躍することになったのです。

　昨年度までの2年間にわたって一緒に仕事をさせていただいたのが、当時まちづくり担当部員（現生涯学習スポーツ課）だった菊池倫史さんです。一般論ですが、行政は市民サービスの向上に取り組むことを前提にしながらも、大抵はできない理由を並べたがるものです。菊池さんも一緒に仕事を始めた頃は、「これは役所的には……困難でしょう」とか「遠野では普通……通らない話

図表1 遠野みらい創りカレッジの主要エレメント

2016年度までに整備してきた機能範囲

| 首都圏や地域企業研究／研修受け入れ機能 |
| 地域交流　オープンカレッシ　みらい創りキャンプ |

| 国際交流／大学（教育・研究）との連携機能 |
| TISP　オフキャンパス　ゼミ合宿　留学生研修　沿岸ツーリズム |

| 社会教育プラットフォーム機能 |
| 魅力あふれる教育環境構築　若年層プログラミング　テレワーキング |

| グリーンツーリズムの活性化機能 |
| Field Work実施　立ち寄り農家や民泊との連携　簡易滞在 |

今回の拠点整備で実現する機能範囲

| 食育を支援するガーデンカフェ機能 |
| 実験栽培　カフェレストラン |

| 六次産業化／製品加工販売支援機能 |
| 実験栽培　特産品開発　食品加工の研究開発 |

**遠野
みらい創り
カレッジ**

**遠野市の
持続的な地域活性**

多様な主体と点在する
地域資源を線で結ぶ

担当の菊池さん（市職員）

です」とごく普通の行政的言動や対応が目立って
いました。しかし、彼は市長秘書も努めたことも
あってか、民間の働き方や地域の事情に精通して
いました。そして、遠野市においてカレッジが果
たす役割についても大変深く理解していました。

　例えば、本章でまずご紹介する「食を育む研
究開発」の実践については、カレッジの開校時か
ら既に企業と行政との間でグランドデザインとし
て描かれた「カレッジの持つべき機能」において、
1つのエレメントとして位置づけられていました。
当初は「民俗学大学院構想」といったアイデアも描かれていましたが、カレッ
ジの運営が進む中、双方の合意でいくつかの修正が施された結果、図表1の
ようなデザインへとバージョンアップされることとなったのです。菊池さんはこ
の内容を理解し、行政としてできない理由を並べるのではなく「Can Do」の
精神で、真のカレッジスタッフとして取り掛かったのです。

　開校時においての合意事項では、生産性革命のような文言は含まれてはい

ませんでしたが、遠野市の持続的な地域活性化を目標に「地域研究機能」「国際交流機能」そしてそのために必要な「社会教育プラットフォーム機能」。さらに、地域とのつながりを深めるための「グリーンツーリズム活性化機能」、そして今回の「食育支援」と「六次産業化支援」が、カレッジ設立当初から明示化されていたのです。

　実は、生産性革命というお題は、内閣府から頂戴したといってもよいかもしれません。ある時、内閣府のみなさんがカレッジや市内のベンチャー推進組織を取材に来られ、その結果の案内資料において、私たちが「地域の生産性向上に貢献している」とのご評価をいただきました。そして、そのご縁でその後、遠野みらい創りカレッジで内閣府主催の地域活性に関するセミナーを開催することになり、遠野市の飛内副市長や私に「これらの活動は内閣府の推進する生産性革命（イノベーション）の範疇として捉えられるべきである」との、ある意味お墨付きをいただいたのです。

　あらためて考えてみると、私たちは、生産性の向上のための研究機能や社会教育プラットフォームを、全て遠野市の"持続的な地域活性化"という目標のための手段と位置づけ、その機能を実践的なものとするようなプログラムを企画してきました。この目標設定こそが、ある種のイノベーションをめざした活動には不可欠であることに、実は私たちはカレッジ開校当初から気づいていたのかもしれません。

　これらのことから、本章の冒頭で触れた、生産性革命とSDGsの設定を同時に達成するカレッジ独自の創意工夫と仕組みについて言及するならば、まずはSDGsを意識した「産官学民で知恵を出しあえば達成可能な目標」を設定し、そのために必要な協働的な実践の"場"において、「目標達成を支援する機能を明示化（グランドデザイン）し、そして具体的な企画をその"場"で運営する」ということになります。菊池さんはこの点を理解した上で、内閣府に対して「生産革命を実現する拠点整備事業」の説明から応募に至るすべてのプロセスに関与することになったのです。この、行政とカレッジが連動して活動する協働的な実践活動に行政側のコーディネーターが、ある意味事業推進の潤滑油的な役割を担うこことが「しごと」創りには必要不可欠なのです。

3：遠野みらい創りカレッジのビジネスモデル

さて、遠野みらい創りカレッジの運営モデルは、カレッジ設立過程の中で、主に富士ゼロックスの研究員とのディスカッションを通じて生まれました。それを私たちはビジネスモデルキャンパス（Business Model Campus；以下BMC）と呼ばれている、ビジネス企画を具現化するためのフレームワークで表すこととしました。この、フレームワークは、ビジネスモデルを9つの要素に分類し、それぞれが相互にどのように関わっているのかを図示したもので、その9つの要素は、顧客セグメント（CS）、顧客との関係（CR）、チャネル（CH）、提供価値（VP）、キーアクティビティ（KA）、キーリソース（KR）、キーパートナー（KP）、コスト構造（CS）、収入の流れ（RS）です。このフレームワークを使うことで、決められた枠組みの中で、迅速に、効率よくアイデアを出したり整理したりすることが可能になることは今ではかなり一般的になっています。しかしカレッジ設立準備の「対話」を繰り返していた私たちにとってその構造は未知のものであり、誰もがそれに着手した経験がありませんでした。

ブレーンストーミングや参考文献を参照し、最初に記述されたものの出来栄えはひどく、とても外部に出せる代物ではありませんでした。しかし何度か議論を繰り返し、記述をやり直している間に提供価値（Value Proposition）が完成したのは、前述のグランドデザインがあったからでした。目標を達成するための機能から、カレッジの提供価値が決まると、その他の項目も埋まり始め、全体の構造が出来上がりました。（図表2）

このように、カレッジ設立時からBMCとして構造化されていたことで、今回のカレッジとしての新たなファンクションについても、開校時に公開されてきたビジネスモデルの範囲に位置づけることができたわけです。このビジネスモデルの特徴は、公益的と公共性を兼ね備えた「高付加価値なプログラム」を独自の社会教育プラットフォームで提供するところにあります。基本的な構造は、開校時から計画されてきた機能を順次加えていく計画性と、既存施設を有効活用する効率性が特徴です。

このビジネスモデルに新たにパートナーとして「地域コミュニティ」が明示化されました。これによって、地域の人材やノウハウを新機能の事業企画に生か

図表2 遠野みらい創りカレッジのビジネスモデルキャンパス

KP（Key Partners）パートナー	KA（Key Activities）主要活動	VP（Value Propositions）価値提案	CR（Customer Relationships）顧客との関係	CS（Customer Segments）顧客セグメント
遠野市役所 ・雇用創出 ・資源活用 ・研修活動の企画・運営 **関連団体** ・ふるさと公社 ・山里ネット ・まごころネット ・観光協会 **地域コミュニティ** ・土淵地区 ・宮守地区 ・小友地区など	**遠野みらい創りカレッジ** 対話型のワークショップ手法を新卒教育プログラムに適用 **KR（Key Resources）リソース** **地域の宝/本物** 遠野ふるさと村 特徴ある学校施設 遠野物語 （民俗学）	**地域の本物/資源を現実の課題解決に活用した能力開発プログラム** 共創パートナー企業とともに地域課題を発見することで、新市場を創出し外部からの投資を呼び込む	**触れあいから学ぶ** ・被災地視察 ・農家民泊体験 ・遠野市長の講話 ・地元高校生との対話 ・古民家宿泊体験 ・その他個別科目 **CH（Channels）チャネル** **パートナー企業によるサービス提供** Supported by 富士ゼロックスの教育事業FXLI	**顧客①** 首都圏の企業や自治体（教育/能力開発） **顧客②** Globalレベルの企業や大学（CSR活動） **顧客③** Globalレベルの自治体や大学（地域連携交流活動）

C$（Cost Structure）コスト構造	R$（Revenue Streams）収益の流れ
低コスト、Non箱モノ ・共同研究費；遠野市様が一部負担 ・外部委託費；地元企業に運営委託 ・地域の施設利用料；入校者が負担 ・研究者等の滞在費；共同研究費に含む ・新規環境設営費；営繕や看板・事務費	**Community Service** 共創アウトソーシングを自治体から受託、共創により新市場を創出し、入校者からの参加費（セミナー/研修など）から収益を得る

　すことで、事業内容に付加価値を創出することができるわけです。また、新たな地域資源として「教育文化振興財団」「文化研究センター」そして「ローカルベンチャープログラム参加者」が加わることで、短期間での立ち上げや研究、そして食材栽培が可能となります。さらに、みらい創り活動に取り組む他地域との新たなチャネルを活用するほか、新たな顧客として周辺地区や県南地域からの立ち寄りが期待できるのです。

　コスト構造において最大のメリットは、既存設備を活用することです。もともと、閉校になっていた旧遠野市立土淵中学校を活用して、学びあいの場を創造したのが2014年の春でした。その後、政府の補助金を活用することで、学びあいを活性化するための拠点整備を実施してきました。具体的には、Work Shopなどのスペースの通信環境やトイレ、そしてテレワーク環境を整備してきたのですが、今年度、いよいよカレッジ内の遊休施設としての「池」

「ガーデン」並びに、カフェとして転用可能な「教室」を利活用し、「食を育む研究開発」の実践を通じて生産性革命とSDGsの設定を同時に達成するという新たな目標にチャレンジすることになったわけです。

　特定の来場者向けで開校されたカレッジでは、重要資源としての「池」や「ガーデン」は未整備な状態で、災害や安全衛生上で問題を抱えていました。また、六次産業化に向けたイベントを単発で実施してもきましたが、「研究開発思考」と「エコシステム」をめざした取り組みにはいたらず、「しごと創り」に結びつくようなプログラムに発展することはありませんでした。しかし、今回の拠点整備によって、カレッジの前面に整備された国道340号（通称かっぱロード）を利用する「不特定」の顧客も利用できる環境が整うことで、最小限の拠点整備でさらに充実した事業体へと衣替えすることができるのと考えたのです。

　しかし、カレッジの運営は、BMCが出来上がっただけでは成立しません。そこで思い起こしたのが、筆者が師事した東京理科大学大学院イノベーション研究科准教授（現一橋大学准教授）、西野和美氏のビジネスモデル論でした。西野氏の定義によれば、ビジネスモデルとは、製品やサービスを顧客に届けるまでの仕事の仕組みを指す「ビジネスシステム」と、収益を上げるためのビジネスの仕掛けを表す「収益システム」が組み合わさったものです[44]。また、同研究科研究科長（現国際大学学長）伊丹敬之教授は、「収益システムはわかりやすく魅力的に映るため注目を集めやすいが、情報システムや従業員のオペレーション能力といった外（顧客）から見えないビジネスシステムこそが経営において重要だ」と強調されていました[45]。つまり、収益システムは模倣されやすいが、収益システムを実行するビジネスシステムは経営の根幹ともいえる仕事の仕組み自体であるため模倣が困難なのです。

　私たちは収益の流れを中心に考慮し、一般社団法人の運営を実践してきたのですが、やはりカレッジだけしか実現できないようなビジネスシステムを構築し、効果的かつ継続的な運営に取り組まなくてはなりませんでした。というのも、近年、私たちのようなプログラムを用意する団体が増え始め、著名な講師を抱えたり、海外研修を用意したりするなど、新手の教育旅行ビジネスなどが世の中にあふれ始めたのです。私たちが設立当時の意義を忘れず、カレッ

ジの提供価値（Value Proposition）を参加団体と共有しつつ、常に進取なプログラムを企画し続け、遠野市の持続的な地域活性化達成を支援し続けなくては、私たち自身の存在意義を失いかねません。そこで私たちは、社会教育プラットフォーム機能を基軸に据えた、ビジネスシステム構築にとりかかりました。

4：社会教育プラットフォームを基軸にした ビジネスシステムと収益システム

　かねてより、首都圏の企業によるカレッジでの研究開発、或いは大学研究団体との共同研究、そして域内外の企業で取り組む産業創造など、多くの活用シーンがカレッジの社会教育や国際交流プログラムを通じて出現していました。それを具現化する方法として、高速インターネット通信網の整備、会議システム、そしてセキュリティ環境などの整備が求められていました。

　それらを実現するためのサービスの一部が既に2年前に導入されたテレワーク環境なのですが、活用シーン（コンテンツ）単位で個別設計を行うのではなく、社会教育を提供・サポートする基本モジュール機能を装備したプラットフォームを開発することで、コンテンツ開発を容易にし、短納期かつ低コストで、多様なサービスを提供することを考えたのです。

　このプラットフォームは、カレッジのプログラム実行と深く連動しているため、遠野市の政策（地域経営）に即した事業推進に活用できます。具体的には、魅力ある教育環境創りなど、遠野市の喫緊の課題解決を実現する効果的なパスを創造します。

　また、すべての参加者に対して共通のネットワーク上に、セキュアでオープンな利用環境を置いているため、遠野にいながらにして、首都圏などの所属組織同様の働き方ができます。そして、みらい創りカレッジのネットワークを通じて、他地域のカレッジとも連係が図られることで、国内以外の新規事業開発のための協働・協調的な働き方ができるわけです。

　昨今、ほとんどの製造業の現場では、各製品を個別に開発設計していくのではなく、まず複数の製品の共通部分を設計し、その共通部分の上に個々の

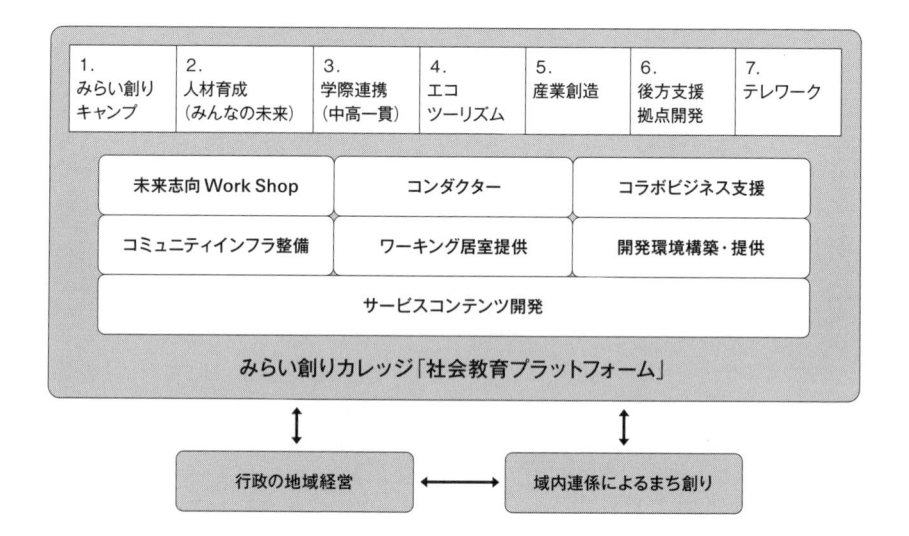

製品を開発していく手法が採られるようになっているのです。この共通部分となるものはプラットフォームと呼ばれ、これを事前に開発することが、製品全体のコスト、品質、基本性能を決定するともいわれています。グローバル市場において競争力を高めるために必要な開発要素とされています。

　また、最近のiOs、Android向けアプリでは、1つの開発環境で双方のアプリを同時に開発できる「クロスプラットフォーム開発」という新技術が開発され、注目を浴びています。これまでアプリケーション開発は、ターゲットプラットフォームごとに開発環境を構築し、個別にソースや実行ファイルを管理していました。しかし、さまざまなモバイルデバイスが普及し、複数のプラットフォーム向けにアプリケーション開発を進める必要性が高まる現在、生産性や品質に対する課題が大きくなってきたのです。このクロスプラットフォーム開発では、アプリケーション開発のターゲットプラットフォーム共通の開発環境を保持し、1つのプロジェクトからiOS, Android, Windowsなど複数ターゲットプラットフォームのネイティブ実行ファイルを作成および管理します。プラットフォーム間の同一機能は共通管理されたソース群で管理され、開発効率が非常に高くなるわけです。

遠野みらい創りカレッジにおける共通価値の設計は、このような業界のやり方を参考に組み立てられた一種のプラットフォームづくりです。ここでいうプラットフォームとは、関連する或いは影響する業務（アプリケーション）、工程（プロセス）、そして提供価値（サービスコンテンツバリュー）の効力を向上させ、組織目標や業績達成を支援する基本モジュールや情報基盤とされます。そして提供価値、すなわちカレッジのプログラムが関与者の共通価値が創造されるような工夫（カスタマイズ）がなされていることで、参加者が高い満足や達成感を得られるのです。

　このプラットフォームを装備することで可能となるのは、創発的なコミュニティ創りです。そして、今回の食育カフェ及び六次産業化支援機能は、既に開発された基本モジュール上に据え付けられた共通価値創造ワークショップ支援、プロジェクト・マネジメント支援（コンダクター）、そして国際的なコラボレーション支援などの産官学民が連係して課題解決に当たるコンテンツと同期することができるのです。

　そして、今回の拠点整備によって実現するビジネスモデルはこれまで示してきた「官民連携による共創」実現を支援する第1の柱、「コミュニティや市民との協働」を具現化したビジネスモデルの第2、第3の柱によって支えられます。そして、全てのシステムの中心は「社会教育プラットフォーム」であり、その上で展開される「理論」「技術」「資源」「実践」と4つのエレメントが、独自性や公益性を生み出す。従って、食育カフェやそれを実現するための研究開発も、これまで同様な構造の中で論理的にビジネスとして運営される仕組みになっています。

　この社会教育プラットフォームの整備を終えるとともに、今回の拠点整備によって実現するビジネスシステムと収益システムのフレームワークを整理しなおしてみました。今回の機能追加によって実現する食育カフェ機能は、一般社団法人遠野みらいづくりカレッジの新たな「食育支援（六次産業化）研究」と、それをサービス事業として展開する「カフェ機能」で構成され、カレッジがその研究並びに運営主体となります。

　新たなフレームワークにおいても、これまでの（一社）遠野みらい創りカレッジと遠野市との業務委託関係がシステムの基準となります。カレッジはシンク

図表4 カレッジのビジネス＆収益システムの概要

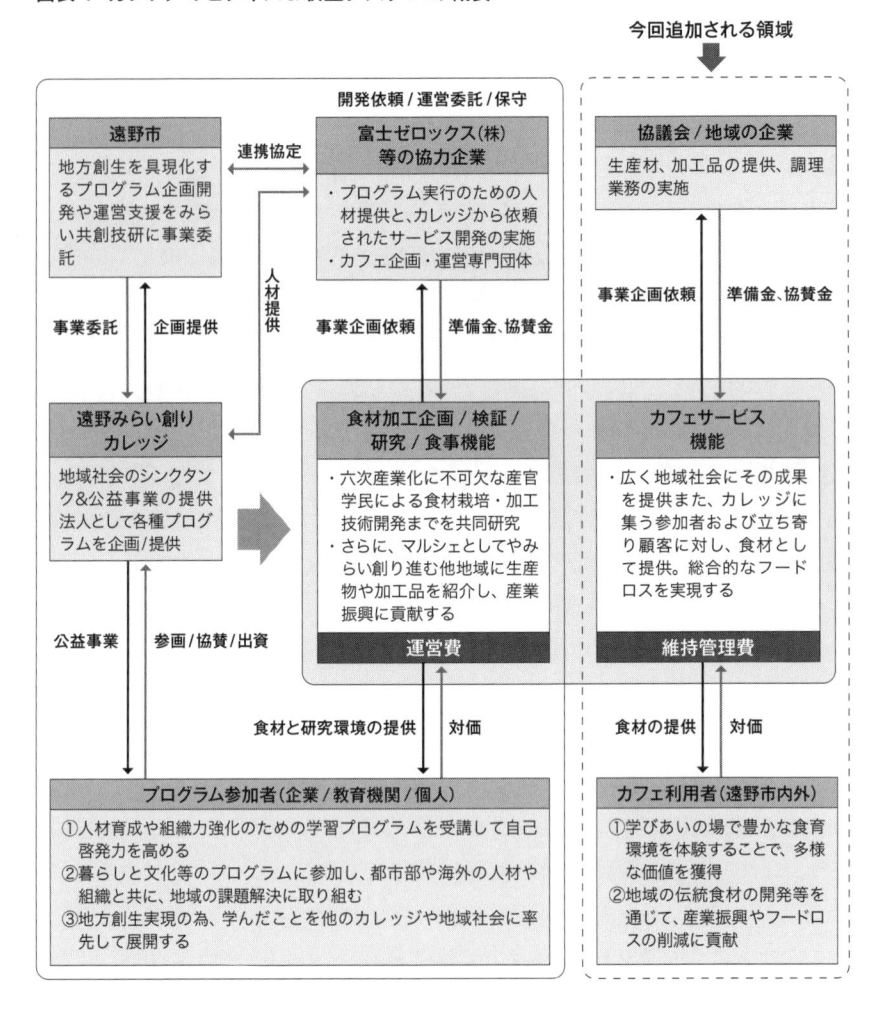

タンクとしての役割を果たしつつ、業務委託費を得て公益事業を提供します。現在、事業収入としてのプログラム参加費は、業務委託費と同等の金額を計上することができています。私たちが開発した運営プログラムは、カレッジとして継続した収入を得るために必要なものになっています。そして今回は地域コミュニティと連携した原材料（野菜や畜産品）の生産、調達、加工技術開発などのイノベーションを実現するプログラム企画を新たに組み込む予定です。

その結果得られるサービスコンテンツを食育カフェで管理運営し、カレッジ利用者 (顧客) に販売する機能が、今回新たに装備されたことになります。

　これまでのプログラム開発過程を維持したまま、提供する新たなサービスを広義の意味でソフト整備と位置づけるとするなら、今回の内閣府の生産性革命に資する拠点整備事業はハード整備にあたります。社会教育プラットフォームを活用してハードとソフトが同時平行で進められ、特に地域コミュニティとの協働的な実践活動が一気に進むことになります。それが生産性革命を促すエンジン及び燃料になるわけです。

5：食育カフェによる生産性革命の進め方

　ハード整備、ソフト導入、エンジンの用意と燃料の注入も終わりました。準備万端とはいえ、実際の食育カフェと六次産業化支援は失敗を許されません。私たちは、遠野市の継続的な地域活性化に向けて、その役割と実践的な活動を推進する必要があるからです。そのために、私たちは、地域を巻き込んだ「食育カフェ推進計画」を立案し、カレッジと行政、地域社会が一体となったプロジェクト活動を一気に推し進めることにしました。ここで重要な役割を担うのがコミュニティ組織ですが、その点は後述することとします。

　運営の指針ですが、地域コミュニティとの連携を通じて、カレッジの価値向上だけではなく、地域社会の価値向上を同時に達成することを第一義として企画運営を実践することとしました。また、お客様はカレッジプログラムや各種イベントへの参加者 (市内外からの利用顧客含む) を予定していますので、地域から多くの皆様にご来場いただける環境を用意したいと考え、以下のコンセプトを立案しました。

・提供コンセプト：「イタリアの古都の味を、日本のふるさと"遠野"で」
・運営コンセプト：「地域コミュニティとの連携により、食の研究から提供までの
　　　　　　　　　一貫サービス」

　さらに、食育カフェの企画と運営には、これまで以上に行政組織とカレッジ

図表5 拠点整備プロジェクト管理・運営表

項目	担当	内容
総合企画	遠野みらい創りカレッジ 総合プロデューサー	・食育カフェ/六次産業化企画 ・利用可能な資源の確保と見積もり
ソフトの プロジェクト・マネジメント	遠野みらい創りカレッジ プラットフォーム担当技術者	・作業の系統化 ・リスク測定と進捗管理 ・達成した結果の分析
地域との連携	遠野市 市民センター 生涯学習スポーツ課	・協議会の運営支援 ・会議体の召集と運営 ・市長への進捗状況報告
ハード整備の プロジェクト・マネジメント	遠野市 まち創り担当	・人材と物的資源の確保 ・関連メンバーへの作業の割り振り ・費用の見積もりと進捗管理

との協働的な実践活動が必要となります。相互の協働と信頼のもと、組織間で協調した運営と支援を実施していく体制構築を図らなくてはなりません。そのために、カレッジ理事会が中心となり、地域コミュニティに参加を促し、カレッジ拠点整備推進協議会を立ち上げました。拠点整備の企画や地域との連携方法についての説明は、協議会に対して計4回実施し、地域社会の総意を得るよう、細心の注意を払って進められました。

　さて、新たな機能を加えたビジネスモデルは、(一社) 遠野みらい創りカレッジによって運営されることになりますが、2018年度に実施される「設立準備」と「試験運営」を経て、2019年度から本格稼働となります。特に、設立準備期間としての約3か月は、ビジネスモデルキャンパスで示されたパートナーやリソース組織で運営される専門の「協議会」での検討のほか、カレッジの企画でもある「みんなの未来共創プログラム」において、多様な地域および首都圏の企業や個人を中心に「食育カフェ活用企画」が検討されます。そして、実際の運用に向けた検証と、同期間で構築が進むハード環境整備が並行して2018年度末まで進められてきました。準備から運営に至る全てのフェーズを4つのプロジェクトに落とし込み、管理・運営を進めています。

　体制面では、食育研究は、既に配置済みの富士ゼロックスのテレワーカー1名が業務を兼務し、地元の食材開発や調達にあたることとしました。また、カレッジが新たに契約するスタッフまたはOutsourcing先によって利用者へのカフェ並びに昼食を中心としたサービスを提供します。

食育カフェは１Ｆ手前の教室をリノベーションし、隣接するガーデン及びその周囲をテラスとして利活用します。今回の整備はカフェの経営だけではなく、地域の食育研究・開発への投資にほかなりません。具体的には、私たちがめざす「生産性革命」は地域の食材開発から始まり、調達方法、他地域との連携方法の開発、加工方法の開発、レシピ開発、提供スタイル（サービス）開発、といった遠野の「六次産業化」推進の拠点化への投資なのです。この投資によって得られる効果は以下の通りです。

・地域と一体となった新産業、サービス振興の具現化
・他地域や他の研究機関、企業との連携強化による開発納期の短縮
・地域コミュニティの活性化
・市内企業、業態との協業による新たな経済効果の創出

　そのため、この事業を効果的に推進するために私たちはコミュニティ組織としての「協議会」を立ち上げました。そしてこの「協議会」には、日頃カレッジのプログラムとはあまりご縁のない、地域の農業委員や各行政区の役員の方々に参加いただいたのです。彼らを選定し招集したのも行政側のキーマンの菊池さんの役割でした。菊池さんは、ある時はカレッジのコミュニケーション・コーディネーターとして、そして協議会の開催時には役所の事務局として、文字通り地域との潤滑油役を果たしました。
　実はこの補助事業は２回目の申請でした。１回目でも、地域の民泊農家さんや区長さんにヒアリングをしていましたが、結局応募を見送ることとなりました。その際のヒアリング先へのアフターケアが少々足りなかったことを大きな反省事項として、２回目の調整時に苦心しながら関係者との調整にあたっていたのを思い出します。民間では当たり前のこのような行為を、カレッジでの協働の中から身につけられたとしたら、私たちにとっても思った以上の協働の効果化が現れたことになります。残念ながら菊池さんは2017年度（平成29年度）で市役所の業務に戻られ現在は休職して大学院に通われていますが、今でも菊池さんを慕う高校生や民間企業の方も、お見えになるほどです。
　こうした官民一体の協働的な実践活動は、内閣府や経済産業省が進める

「SDGs；Sustainable Development Goals（持続可能な新たな開発目標）」を、初めてこの地域が持つという、他の地域にはない取り組みであることも、地域にとっての最大の効果なのです。つまり、地域経済や教育機関全体が国連の主導により掲げられている以下の17の Initiatives（達成すべき目標項目）の中から、項目2の「食料安全」、項目4の「公平で質の高い教育」、項目9の「産業促進」、そして項目15の「生態系の保護」に取り組むという産官学民一体の新たな「組織的な取り組み」がスタートし、達成に向けた体制が敷かれることになるのです。それでは今回の生産性革命とSDGsを連動させた「みらい創り」活動への関与者の共通価値について私たちがどのように位置づけているのか、関与者の信頼に基づいた協働的な実践活動が進められているのかご紹介することとします。

6：生産性革命とSDGsの連動による 「みらい創り」の価値創造

　政府は、平成29年度末に閣議決定された新しい政策パッケージの中で「ひと」創りと生産性革命を列挙し、経済成長の果実を活かして社会保障の充実を行い、安心で安全な社会基盤を築くこと。そして、その基盤の下にさらに経済を成長させていくという、成長と分配の好循環を強化し、老若男女、障害も難病のある方も、誰もが生きがいを感じ、その能力を思う存分発揮することができる一億総活躍社会を創り上げることを政策目標として掲げています。

　SDGsとはそれを達成するための新たな目標であり、従来の本業や住民サービス（Mainstream）にとらわれない、先進的な事業やサービス開発の種を外から取り入れ（Outside-In）、行政主導ではない産官学民の連動による価値創造に取り組むことこそが、全国の地域に期待されています。遠野みらい創りカレッジは、産官学民が触れあうように学ぶ "場" として、その価値創造を牽引しています。今回の拠点整備事業を生産性革命とSDGsの連動による「みらい創り」活動と位置づけ、関与する機能組織単位で獲得することになる価値を、SDGsの目標値に準じる形で表した上で、その活動の果たす意義をまとめてみました。

1 産（内外の産業界）；技術革新の基盤づくり

この領域では、地域で営む食育産業、木材加工業の価値向上があげられます。食育カフェと六次産業化の研究には、生産財としての野菜や畜産品の調達から加工が必要となります。そのためには、カレッジが位置する遠野市土淵地区では「こがらせ農産」を代表とする農業組合、及び産直や民泊を経営または運営する業界との連携が不可欠です。すでにいくつかの団体或いは個人から、西洋野菜やハーブの栽培実験や、導入済みの農業機器を使用した加工実験の協力依頼があります。第1に、こうした関与者の皆さんの価値向上が実現できることになるわけです。また、ハード整備においては、設備機器のほかに内装品の導入が必要になります。その直接的な効果として、遠野市内の木材加工業への設備や備品の発注が予想されます。既に、カレッジのプログラムに参加しているいくつかの木材加工業による遠野の木材を生かした家具やインテリアは、欠かすことのできないパーツです。従って、今回のハード整備において、第2に木材加工業者との間でその具体的な商品提供を通じた価値共有が可能となります。

また、遊休地であった「池」を活用した「水耕栽培試験」「食品加工研究」を通じて、地域の農業従事者の新規食材開発という新たな価値創造のほか、新規農業従事者の栽培或いは研究参加を促し、新たな加工品開発・販売を支援するという"第一次産業活性化"が具現化することになります。さらに、この地域の民泊従事者との提携により、食材開発と提供を効果的に支援することで、フードロスなどの環境経営を実現し、この地域全体の価値向上が実現することになります。そして、その他食育産業やサービス業としては、上閉伊酒蔵㈱や遠野交通との連携を強化し、新たな顧客獲得の機会を提供することが既に検討されています。

従って、生産性革命とSDGs達成が連動することで、カレッジのような学びあいの場において、関与者が持ち込む技術を中心にした「実践知」の集合化が進み、より具体的で革新的な産業創造に向けた協働的実践活動が推進されるのです。

2 官（行政、第三セクター）；住み続けられるまち創り

　行政側は、持続可能な「まち」創り、それを牽引する「ひと」創り、そして暮らしを豊かにする「しごと」創りを進める総合戦略の具現化こそが、獲得する価値といえるでしょう。遠野みらい創りカレッジはその具現化を側面から支援します。カレッジの役割の1つである"シンクタンク"としての機能が、十二分に発揮されることになります。

　閉校利活用によって一気にその価値を高めた「経営企画　まち創り担当部門」においては、当初計画どおりに、2014年の開校、2015年の提供プログラム完成（民泊、地域資源、地域産業等を巻き込んだ"触れあうように学ぶ"プログラム）、2016年の自主運営体制化（一般社団法人による運営開始）とテレワーキング環境整備と予定通りに進めることができました。そして1年の実証期間を置いて2018年に決定した拠点整備事業によって、当初の遠野市とカレッジの合意事項が滞りなく進められたことになるわけです。これにより、市内外に遠野みらい創りカレッジの新しい価値を発信することができ、質の高い社会教育プラットフォームとして提供価値を高めることとなったわけです。このような有効な政策は市民サービス向上に間接的に貢献し、行政価値だけでなく職員のリーダーシップ向上にも反映されています。

　また、社会教育・国際交流・生涯学習を担当する「遠野市市民センター生涯学習スポーツ課」「遠野市教育文化振興財団」、そして「文化研究センター」との連携がさらに高まることで、人材やノウハウの交流を通じてその存在意義と提供価値が相対的に高まることとなりました。そして、観光や産業振興のプラットフォームである「遠野ふるさと公社」とは、これまでも大学生との共同研究を通じて連携を図ってきましたが、今後は水耕栽培の共同研究や加工品開発で連携が強化されることになります。そこには遠野内外の企業や研究団体が加わることになります。さらに、2年前から実証実験中の、新たな顧客を呼び込むことが期待できる企画「みらい創りマルシェ」では、市内の加工品を扱うだけでなく、連携する南足柄市、白老町、壱岐市などの遠野にはない商品を扱うことで、互いの集客率向上に貢献することになるわけです。

　行政側でこの活動を支えてくれた前述の菊池さんのような学びあいの場での連携は、市民サービスを的確に向上させます。行政への過度な期待は禁物

かもしれませんが、地方の生産性革命やSDGsの達成のためには、それを牽引するだけの行政企画が必要です。その企画をオープンにし、カレッジのような学びあいの場において、多様な人々との協働的な活動を進めることが必要なのです。

３ 学（大学、研究団体）；質の高い教育の創造と提供

遠野みらい創りカレッジでは、年間で大学10校（東京大学、慶應大義塾学、法政大学、中央大学、東京藝術大学、神奈川大学など）の学生が集い、特に社会科学（まち創り、芸術、教育等）の研究が地域社会を実験場として「暮らしと文化」プログラムの中心として利活用されています。今回の整備により「食育研究」がプログラムに追加され、そこに、農業系、工業系、理学系の大学または研究者が新たに参画することになるはずです。

特に、東北の大学生が主体的に参画することができる「Biotechnology」「Fermentation（発酵）Technology」の分野は、近年の六次産業化の進展で成長領域とされていましたが、遠野みらい創りカレッジでは、それらの専門家が集まることは殆どありませんでした。今回の整備により、これまでにない新たな研究者や専門家が持つ「実践知」が集合化され、地域だけでは実現できなかった加工品開発やレシピ開発を通じて、高い研究成果が発信されるだけでなく、「サイエンスカフェ」のような新しい交流の場がとして活用されることになります。リビングラボなどの最先端の研究開発ドリブンの組織活動を誘発し、中心市街地だけではない、アーバニズムとナチュラリズムを兼ね備えた「新たな知の拠点」が完成することとなるわけです。

２章でも触れましたが、これまでの学力や人間形成を目的とした教育指針を補完する実践的な教育プログラムは、次世代を担う若者の創造力を掻き立てます。質の高い教育とは、互いに学びあうなかから創出される論理的で共創的な知といえるかもしれません。このような共創を生み出す教育こそ、SDGsを掲げようとしている地域で最も取り組みやすいテーマといえるでしょう。

４ 民（地域コミュニティ）；地域の豊かさを守り継承する

最後に、コミュニティの魅力（価値）向上について言及したいと思います。私

たちがこの領域での価値共創に重点を置いていることは既に触れましたが、遠野みらい創りカレッジが位置する遠野市土淵地区では「カッパ淵」「伝承園」「山口集落」といった地域の資源を生かした地域づくりが進んでいます。そして、カレッジがこの地域の「学びあいの拠点」として整備が進むことで、伝統文化や産業の発展に向けた研究や伝承活動が進められてきました。郷土の例大祭である「土淵祭り」はカレッジとの共同開催が定着し、地区センターや地連協（地域連絡協議会）との関係性は強固のものとなっています。また、保育園や小学校とは季節のイベント以外でも小遠足や総合学習などで、交流が進んでいます。そして、今回の整備により、食育を中心とした地域社会との研究や総合学習が活発化し、地産地消やフードロスといった社会的な課題に対して向きあう力が、幼い頃から兼ね備えられることで、この地域の農業振興が進展することになります。

　また、高等学校や他の地域からのプログラム参加が向上することで、遠野市全体の価値向上が実現することになります。例えば、「魅力あふれる教育環境」「後方支援拠点研究（自主防災体参加）」では、テレワーク環境を生かした「食育支援研究」を通じて、高校生の就業就学支援の高度化が実現するでしょう。その結果、自然科学系の大学等との Field Work が増加することで、遠野市の高校生全体のプログラム参加が可能になるのです。また、災害復興を意識した民レベルのワークショップでは、避難所での食環境と向かいあうことで、災害時のフードロスや効果的な食品摂取等の実証実験が可能となります。遠野市ではなければできない「後方支援拠点研究」がさらに進むことが期待されています。

　つまり、当該地域だけでしかできない取り組みを、行政と連携してコミュニティ組織が主体的に進めること。例えば、タクティカル・アーバニズムの考え方で身近なフィールドを活用し、自らコミュニティイベント実践してみることで、行政との距離が一気に縮まります。そして、そこに内部（土の人）や外部（風の人）の専門性や知識を招き入れることで、地域の豊かさを守り抜きながらも新たな産業を創造することが可能となるのです。

　蛇足ではありますが、遠野みらい創りカレッジでは、これまで「特定」の法人または個人の限定的な利用が拠点整備の条件となってきました。しかし、

今後、立地条件を生かした新たな機能を追加するということで「不特定」の法人または個人の活用が前提となります。この観点から、カフェや図書利用者の増加はこれまで以上の交流人口を迎え入れ、遠野の魅力、地域の魅力をより一層発信する拠点としての公益的価値が向上することとなるでしょう。

7：SDGsを掲げたまち創りとは

さて、ここまであげた「産官学民」の価値向上への取り組みが進められたことで私たちは、具体的な拠点整備の実践とその成果によって、遠野市民だけでなくカレッジプログラムへの関与者にとっても「生産性革命に対する公益性」と「SDGsを念頭にした新たな価値評価」を進められる準備ができたことになります。今回の拠点整備はあくまで、長期計画に則った整備事業の一環ではあるものの「手を止めない」実践的かつ公営的な「まち・ひと・しごと」総合戦略の1つとして、拠点整備を推進する行政組織にも大きな意味を持つものです。

地域活性化やまち創りを実践する際にSDGsを活用する事例が、全国規模で増えています。なかでも、北海道の下川町は未来都市の称号のほかに、2017年12月26日、「SDGs推進本部（本部長内閣総理大臣）」が創設した「第1回ジャパンSDGsアワード」の本部長（内閣総理大臣）賞も受賞しました。

授賞された理由は、持続可能な地域社会の実現をめざし、政府から環境未来都市の選定を受けるなどして、SDGsのコンセプトである、経済・社会・環境、3領域の統合的解決の観点で、①森林総合産業の構築（経済）、②地域エネルギー自給と低炭素化（環境）、③超高齢化対応社会創造（社会）などに取り組んできた結果、人口減少緩和や森林バイオマスエネルギーによる地域熱自給率向上などの好傾向が発現したことでした。そしてさらに、SDGsを取り込んだ「2030年における持続可能な地域社会ビジョン」を策定中で、ビジョンを基に計画（総合計画、SDGs未来都市計画など）を策定し、具現化のためのプロジェクトを位置づけ、多様な主体を巻き込みながら実行していく考えなどが評価されたのです。

下川町では、SDGsの17の目標から地域の課題を検証することで新たな地

域課題の発見につながるとともに、SDGsがとっている「めざすべき未来の姿から逆算して現世代がとるべき行動を検討する（バックキャスティング）」の考え方を取り入れることで、より良質なまちづくりができると考え、SDGsを積極的に町の政策や事業に取り入れようとしています。同町が、そのためにまず取り組んだのが、住民主体でつくる町の2030年のビジョン（ありたい姿）づくりでした。そこで描かれている将来の下川町のありたい姿は、「誰一人取り残されず、しなやかに強く、幸せに暮らせる持続可能なまち」です。この「ありたい姿」は、下川町に根づく地域のアイデンティティに根ざすものですが、同時にSDGsの基本理念や、気候変動に関するパリ協定がめざす「脱炭素社会」など国際的な目標を包含するものでした[46]。

　また、先にも触れましたが、内閣府から出された「拡大版SDGsアクションプラン2018」には、地方におけるSDGs推進策として、金融政策や人材育成をベースに、農山漁村の活性化、農業・食品産業のイノベーション、などを地域活性の取り組みの代表的な方針として掲げています。また、戦略的な社会本整備をベースに、持続可能で強靭なまち創り、そのなかでも防災や減災によるまち創りに取組むことも方針の1つとして掲げています。

　しかしながら、地方にはそれらの方針策定や実践を推進する人材が不足しています。行政は勿論のこと中小企業にはその考え方さえ浸透することができないほど、現状の政策対応に追われているのが現状です。いきおい、外部のコンサルタントや有識者に外注することになり、下川町のように町民一体での取り組みは遅々として進まないのです。

　神奈川県でも県庁リードで、横浜市や鎌倉市などがSDGs未来都市として選定され、実効性の高い政策立案が進められてはいますが、その他の地域ではそうした取り組みに大きなばらつきがあるのが現状です。また、前述したように、生産性革命やSDGsを意識した諸活動は、単一の企業や大学、そして行政や地域社会で取り組めるようなものではありません。そして、それらの目標を達成にはサプライチェーンや関連するステークホルダーの理解や協働、企業組織を例にあげれば投資家や顧客の理解と賛同など、関連する組織との連携や連動が不可欠です。華やかに取り上げられ、オリンピック招致活動のごとくデザインドリブンで展開されるSDGsの啓蒙活動に、ついていけない或いは

少々違和感を持ってしまうのは私だけでしょうか。それでは、どのようにして"No one will be left behind；誰一人として取り残されない"協働的な実践活動ができるのでしょうか？

　私はそれには、カレッジという学びあいの"場"でのマネジメントのように、①協働の場創り、②実践知の集合化と達成に向けたフレームワーク設計、③共通価値中心設計に基づく企画と実践、にあると考えます。

　現在、南足柄みらい創りカレッジ*47では、神奈川県西部を実験フィールドとして、神奈川県県西地域内外の方々とともにSDGsを学び、社会課題を共有して産官学民の連携の糸口を探るためのプログラムを開発中です。こうした活動の先にあるのは、神奈川県県西地域の2市8町（南足柄市・小田原市・中井町・大井町・松田町・山北町・開成町・箱根町・真鶴町・湯河原町）を、SDGs達成に向けたさまざまな学習や実験を行える日本で最も効果的な「SDGs実験フィールド」にして、グローバル規模の情報発信拠点にしようとするものです。

　このようなカレッジのめざす「効果的」かつ「永続的」な取り組みは、「研究開発思考」と「エコシステム」が同居している学びあいの"場"の創造に始まります。そして次に、多くの地域リーダーや専門家、そしてプロジェクトに参加する中高大生たちが、それぞれの実践知を持ち寄り、社会課題の解決策を考え抜きます。そして、その達成に向けたシナリオを、関係性の構築から関与者の共通価値を包含したコンセプト創造を通じて地域社会に提案していくのですが、この全ての課程をマネジメントすることが、本書の問いに対する回答になるわけです。

　遠野市のような山間部では第一次産業が地域の雇用を支えています。林業の成長産業化を進めるため、意欲と能力のある林業経営体に経営を集積・集約化する新たな森林管理システムの整備等、まさに遠野市でも課題になっているマーケットインの発想に基づくサプライチェーンの再構築等について、検討を進め、林業の具体的な成長の目標とその実現に向けた工程表を定めて施策が展開されることになっています。また、スマート農林水産業を実現し、バリューチェーン全体で生産性を高めるため、林業・木材産業全体での情報共有による生産・流通の最適化等に必要な最先端技術の実証実験・開発・実装が推進されます。次章では、遠野市の抱える木材産業の課題を分析し、

その解決策を提示します。

　例えば、次章で取り上げる遠野の林業になぞらえて論理展開をするのであれば、資源価値評価によって明らかになった遠野の林業の課題解決に向け、関与者がカレッジという協働の場に集合し、先ずは関係性の構築を図った上でいくつかのプロジェクトを立ち上げます（協働の場創り）。そしてそのプロジェクト的実証実験の際には地元の企業や関係者だけではなく、中高大生などの若い世代や専門家を招聘して目標設定からグランドデザイン描写までを実行するのです。これは、冒頭で示した「生産性革命」の分析でも明らかになっています（実践知の集合化とフレームワーク設計）。そして、前章でも紹介した関与者全員の共通価値を盛り込んだ企画書を関与者全員の総意の基に作成し、ローカル・プロデューサーとともに実践にあたる（共通価値中心設計に基づく企画と実践）わけです。

　いずれにせよ、生産性革命もSDGsによる地域活性も、このような論理を基に取り組むことで、成功に導くことは可能です。また、その課程のプロジェクト・マネジメントの進捗確認や成果分析において、以上にあげた3つの行程が正しく行なわれているかを確認することで、目標達成に向けた成否が決まるといってもよいでしょう。これらはコンサルタント任せにしなくとも、官民連携の基本作業によって十分取り組むことが可能です。具体的には最終章で、その実践方法に触れたいと思います。

注：

*42　内閣府、拡大版SDGsアクションプラン2018から抜粋。

*43　有馬利男「SDGsと企業の社会的責任」；2016年グローバルコンパクトネットワークジャパン。

*44　西野和美『自走するビジネスモデル』日経新聞出版社；2015年10月。

*45　伊丹敬之、早稲田大学IT戦略研究所、EL-Forum「第11回 コロキアム」, IT Media Executive、2009年3月。

*46　しもかわ 持続可能な開発目標（SDGs）レポート —人と自然を未来につなぐ「しもかわチャレンジ」—2018より。

*47　富士ゼロックスと南足柄市との連携協定に基づき、平時の地域活性化と災害など有事の後方支援拠点開発を目的として、産官学民が協働し、地域課題に取り組むプログラムを実行する一般社団法人。

地域のしごと創りを支える
資源価値評価とその展開

遠野市の地域木材総合供給モデル基地などを例とした
多様な価値創造モデルの提示

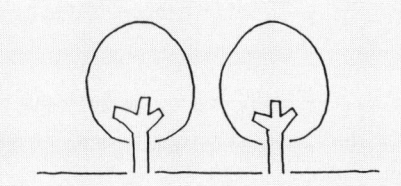

遠野市の木材産業クラスターに対する3年にわたる現地調査から、①遠野の森林から生み出された素材は約8割が市外に流出していること、②製材プロセスの産出の7割弱が市外に流出する等、市内にあるサプライチェーン（SC：Supply Chain）の上流／下流のプロセスとの取引が少ないこと、③木材加工時の廃材の9割が市外に流出していることが明らかになった。特に、乾燥加工及び集成加工プロセスがSC及び産業クラスターと切り離されていること、そして、協同組合森林のくに遠野・協同機構という公民協同の枠組みはあるものの、実際には一貫生産は実現できていないことから、政策的な産業集積にも課題があることが浮き彫りとなった。これらの解決には、乾燥加工及び集成加工プロセスとSC及び産業クラスターとの結びつきの強化や、住宅需要が減りつつある現状においては、熱利用・発電利用等の木質系バイオマスの利活用をはじめ、地域内で新しい木材需要を生み出す取り組みが必要である。一方、被災地の中でも特に福島県の浜通り地域の復興・復旧の道のりはいまだ遠い。

本章では研究者の視点から、被災地や地域社会がどのように協働しながら生業を創造していけばよいのか、現状の調査・分析方法とその結果に基づいて、地域リーダーが今後とるべき具体的な進め方が示される。

1：陸や海の豊かさを守り育てる

　第1作目である『地域社会の未来をひらく』（2016年）において、私たちは遠野市の豊かな自然とそこでの人の営みについて多くの方々から寄稿をいただきました。そのうちのお一人である菊地辰徳さんは、「里山里地で馬と育ちあう」*48とタイトルされた記述のなかで、陸の豊かさを守りぬくこと、そして子供たちに持続可能な社会を継承することについて言及され、「馬と人」の関係をベースにしたまち創りが遠野市では重要であるとの、貴重なご示唆を頂戴しました。

遠野における馬と人の暮らしは、豊かな天然資源、そのなかでも森林資源と農産資源の結びつきをベースに、静かに営まれてきました。農家は曲がり家で馬と共に暮らし、冬には伐採した木を里に搬送する。そこに萱を育て、地域で修復に使用する。春になると人馬一体となって田をおこし、地域で田植えをして豊作を祈る。そんな森と里の暮らしが豊かであった時代も今は昔。菊地さんがご指摘されるように、社会環境の変化によって、里山の暮らしも変わらざるを得ませんでした。

　現在菊地さんは北海道白老町に転居されていますが、常々、社会環境の変化、特に温室効果ガスの増加や生物多様性の劣化を危惧されていました。実際、日本全国で暖冬や真夏日の多さが取りざたされ、想定外の水害なども増えています。私たちは本当にこの豊かな国土を守り、次世代へと受け継ぐことができるのでしょうか？　グローバル規模で起きているさまざまな驚異を目の当りにして警鐘を鳴らしているのは、実は私たちが守るべき自然そのものかもしれません。

　2011年3月12日15時36分（地震発生の約24時間後）、福島第一原発1号機の原子炉建屋で発生した水素爆発は、多量の放射性物質を豊かな陸、美しい海に飛散させる最悪な結果となってしまいました。そして、その後の爆発の連鎖によって、この地域ではさらに深刻な事態を招くことになりました。

　7年が経過し、除染が進んで帰還が許される地域が増える一方、2019年3月2日に福島県浜通りの大熊町、楢葉町を訪れた時、帰還解除を目前にしているとはいえ、これらの地域が抱える課題に私たちがどのように向きあうべきか、深く、そして真剣に考えさせられました。極端な言い方をすれば、この地域では現在、除染と廃炉しか生業がないのです。今こそ、日本人が大切に育み、生業の基を見つけてきた「陸の豊かさ」「海の豊かさ」について議論を重ね、福島県はもちろんのこと、東北地方全体の産業の再定義と再構築を図らなければならない、それを推進しているのが本書の冒頭でご紹介した「福島イノベーション・コースト構想（機構）」です。

　3月1日からの2日間、同機構の案内で浜通りの現状を視察させていただきましたが、かつて豊かであった陸は、一部とはいえ除染の結果生み出された「廃棄物」の移転貯蔵の場と化しています。また、豊かな海は一見取り戻され

たかに見えますが、現実的には使用済み核燃料の冷却水さえ戻すことができない、風評が漂う漁業環境であることが拭いきれていません。この地に久方ぶりに訪れる前、「SDGsによる住み続けられるまち創り」の実践に幾分楽観的であった私たちは、帰京した時点でその道のりは遥か遠く、「まち創りのビジョン」を掲げつつも、「人々の帰還」「コミュニティ再生」「教育環境の抜本的な見直し」等々、目の前の解決策をどの様な順番で実施すべきか。そのような全体構想を捉えつつ、具体的かつ実践的なプランの立案へと、私たちの思考は少しずつ変化していきました。

　福島イノベーション・コースト構想とは、その対象である「浜通り地域の産業再生」が一丁目一番地となっています。前述のように、この地が除染と廃炉だけが産業である現在、確かにそれに関連する産業の創出は必然的かもしれません。しかし、原発の敷地内は日に日に手狭になっているとはいえ、関連産業はそのすぐ近くで実践されるべきでしょう。その研究は最も実践的で、かつ即応性が求められます。技術の転用や応用は次のこととして、この地域の安全安心の回復にまい進すべきだと私は考えます。

　環境省と経産省による脱石化燃料を念頭にした再生可能エネルギー政策にしても、この地に人の暮らしが戻り、この地ならではの産業が構築されない以上、首都圏へ配電または売電されるだけです。潤うのは中間業者ばかりです。そして、最も困難なのが、環境保全とリサイクル計画です。セシウムを含む土壌や植物由来の瓦礫は、除染されることなく転々と施設を変えてほぼ永久に「貯蔵」されるだけなのです。先進的に聞こえる「ロボット」「リサイクル」「エネルギー」等の産業によるイノベーションを、この地域で暮らす住民、そして帰還を間近に控えた人々が本当に望んでいるのでしょうか？

　前章では経営の重要資源である「土地」、いいかえるなら「陸の豊かさ」を資源として、「ひと」が交流しあい、連携しあって実践される「しごと」創りの事例を、行政の視点から記述することができました。今こそ私たちは、豊かさを計る正しい尺度を利活用して、対象地域ならではの産業を再生或いは構築しなくてはなりません。人々が手放さざるを得なくなった土地で、供給側の都合のよい産業を並べてその創造を目論むやり方には、違和感ばかりが残ります。

本章では同じ「しごと」創りをテーマに、地域社会がどのように協働しなが ら生業を創造していけばよいのか、浜通りから遠い遠野市とはいえ、研究者 が中心となって丹念に現状を調査・分析した結果に基づいて地域リーダーが 今後とるべき具体的な“陸の豊かさを守り育てる”進め方が示されています。 今、私たちが暮らす国土にはどのような価値があるのか、または……ないのか。 後世に禍根を残さないよう、被災地支援を通じて「みらい創り」を実践してき た私たちならではの「陸や海の豊かさを守り育てるまち創り」の協働的な実 践に着手すべきだと考えます。

2：資源（ゆたかさ）の価値評価から始める「しごと」創り

　遠野市は森林が総面積の約83％（6万8,350 ha）を占めています（2015年 農林業センサス）。古くから岩手県内で有数の林業地帯で、森林は地域経済を 支える大きな柱でした。実はこの地も原発の放射能汚染の影響で、牧草地の 除染を2年がかりで実施せざるを得ませんでした。そして、今でも原木しいた けに代表される一部の山の恵みは、残念ながら消費者に提供されるに至って いません。

　「豊富な森林資源を活用して、遠野材の利用を地域内で拡大し、森林整備 から木材加工に至る一貫した産地形成を進め、地域外に出荷する木材製品の 高付加価値化を図る」このようなストーリーのもと、遠野市では官と民が協同 して「遠野地域木材総合供給モデル基地（遠野木工団地）」という林業・木材 産業の産業団地が整備されました。

　特定の分野で関連する企業等が同じ地域で競争しつつ、かつ同時に協力し あう関係は、産業クラスターといわれます。言い換えるなら、産業クラスターと は、新事業が次々と生み出されるような事業環境を整備することによって、競 争優位を持つ産業が核となって広域的な産業集積が進む状態をいいます。

　遠野市の林業・木材産業・木質系バイオマス事業は、遠野木工団地を中心 に、産業クラスターとして集積され、機能しています。しかし、団地内の事業 体の工場設備には能力差があり、その差を埋めるために、遠野木工団地がで きてから25年以上にわたって、各事業体は経営改善に取り組み、地域外企業

との取引を増やしてきました。現在事業体はどこまで相互に結びついているのか、地域で遠野材はどのくらい利用できているのか、そして、産業クラスターは雇用の創出や地域環境の保全等、地域にどのような価値を生み出しているのか。これらの疑問に関して、本章では「メソ会計[*49]」という資源価値評価ツールによって、遠野木工団地を中心に木材流通を"見える化"するとともに、産業クラスターの多様な価値を高める方法を検討しました。

3：森林理想郷の構想と遠野木工団地

　遠野木工団地が生まれた経緯を探ると、1977年3月の「遠野市総合計画（トオノピアプラン）」の基本構想の議決に遡ることができます。トオノピアプランでは、「大自然に息吹く永遠の田園都市（トオノピア）」をつくりあげることをめざして、傾斜・標高等の地理的特性を生かした土地利用を行い、「農村を背景とした適種企業の立地を促すことが……田園都市の基盤としての産業活動の高次化に向う」[*50]とされています。

　このようなアプローチを踏まえ、「民話のあふれる町づくり」をめざして、1986年3月に「遠野市HOPE計画（地域住宅計画）」が策定されました[*51]。遠野市HOPE計画は、「あなたが創る遠野郷（景観形成計画）」、「子や孫に創っておきたい未来（あす）への街かど（街づくり計画）」、「いろりの心 遠野の住まい（住宅計画）」という3つから構成されています。住宅計画の目標は、遠野材の活用と、集成加工等の新技術を採用した「遠野住宅」の供給体制を整備し、木材産業の活性化を図ることでした。

　遠野市HOPE計画を作成した遠野HOPE計画協会には、遠野景観部会・街づくり部会・遠野住宅部会という3つの専門部会が設置されていました。遠野住宅部会（立花 功チーフ）では、「住宅投資のお金を少しでも余計に地元に残るような住宅造りができないか」[*52]という問題意識が共有されていました。このような問題意識のもと、遠野住宅部会のメンバーを中心に、トオノピアの建設をめざして、遠野木工団地は、図表1のように、公と民が協同して産地形成を図る森林理想郷として構想されたのです。

　具体的には、森林・林業・生み出される木材という地域の"資源"を活用し、

図表1《トオノピアプラン》"森林理想郷"概念構成図（私案）

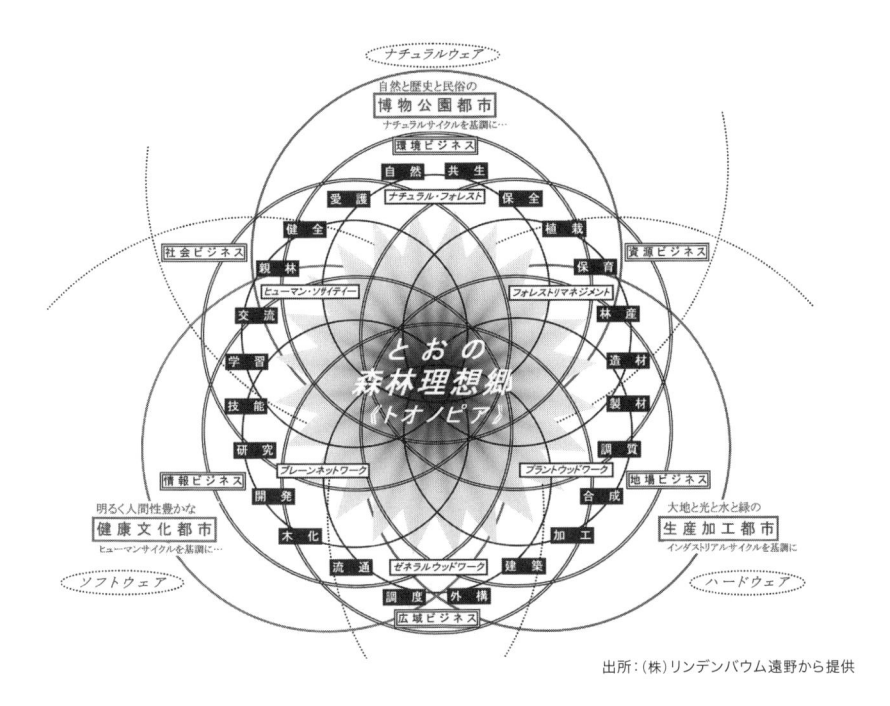

出所：(株)リンデンバウム遠野から提供

森林整備から木材加工に至る一貫した産地形成を進める（一貫生産）。そして、地域内での木材製品の利用拡大と、地域外に出荷する木材製品の付加価値を高めつつ、木材供給基地としての地域の確立を図る。このようなストーリーを実現するための、公と民が協同して産地形成を図るための協同機構の構想が、遠野木工団地のソフトウェアの枠組みになっています。

1991年3月のトオノピアプラン第4次基本計画では、「木材生産加工の促進及び遠野住宅の販売等、地域が一体となった産地体制の整備を進めるとともに、市場競争力の強化を図る必要がある」[*53]という課題が提示されました。そして、「地域特性に応じた造林から木材加工に至る一貫した産地形成を進め、木材供給基地としての地域の確立を図る」[*54]という施策の方向が掲げられました。

ハードウェアとしての遠野木工団地は、トオノピアプラン第4次基本計画に沿って、遠野市青笹町に林業・木材産業を集めてつくられた産業団地です。

団地内には、林業・木材産業・木質系バイオマス事業に属する9つの事業体の事務所及び工場等が存在しています（2018年3月末）。これらの事業体と、遠野市内の2つの製材所を含め、「協同組合森林のくに遠野・協同機構（協同機構と略します）」が構成されています。

　遠野木工団地のハードウェアの整備事業は、1992年度に策定された林野庁所管の『遠野地域林業活性化基本方針書』に基づいています。基本方針書には、遠野木工団地の構想が、国が打ち出した新政策の方向「流域システム」の理念に沿う形で盛り込まれました[*55]。遠野木工団地は1994年3月に北上川中流域の林野庁による指定を受けて、1993年度から2003年度までの期間に、遠野市青笹町の26.5haの敷地に約78億円の総事業費（図表2）をかけて整備されました。

　1993年度に用地の取得と各事業体の設立、1994年度に着工が始まり、1999年度にひととおりの施設が完成しました（会計期間は4月から翌年の3月）。産業団地ができるのに合わせて、基本的には、遠野市内で既に木材生産加工を行っていた建築会社・工務店等が新たに協同組合をつくり、協同組合が事業体となり、工場設備を木工団地内に整備しました。

　遠野木工団地は、森林理想郷の構想のもとに公と民が協同するためのソフトウェアの枠組みと、林野庁のモデル事業として建設された産業団地・工場設備というハードウェアの枠組みから成り立っています。ソフトウェアの構想が先にあって林野庁の予算がつきハードウェアが建設されました（ソフトウェアが

図表2　遠野地域木材総合供給モデル基地整備概要　　　　　単位：百万円

事業種別	事業概要	事業期間	総事業費	財源内訳			
				国費	県費	市費	事業体
林業構造改善事業	施設整備等	1993年度～2003年度	6,115	2,954	633	1,282	1,246
林業地域総合整備事業	基盤整備	1994年度～1997年度	1,148	599	101	448	0
認定職業訓練助成事業	職訓施設	1996年度	263	63	63	137	0
林業地域総合整備事業	用地費等		247	0	0	247	0
合計			7,773	3,616	797	2,114	1,246

出所：森林のくに遠野・協同機構パンフレット（一部修正）

あってハードウェアがある）。ここに、遠野木工団地を中心とする産業クラスターの特徴があります。遠野木工団地は、自立した民間が本業（＝稼ぎ）と真剣に向きあい、行政が現実的で協働・協調的な事業をつくり出した、当時としては先進的な事例であったといえるでしょう。

4：資源価値評価（メソ会計）による 遠野の木材産業クラスターの“見える化”

　遠野木工団地を中心に遠野市には、森林整備を担う林業と、生み出された木材を加工する木材産業があります。具体的には、図表3のように、住宅建設からプレカット加工や製材加工等を経て木材生産（伐採・搬出）にまで遡るプロセスの連鎖です。2015年3月には木材産業から生じた廃材を燃料加工する事業体が団地内に設立されて、遠野市での木質系バイオマス事業が本格化しました。

　最終消費者から原材料の採取にまで遡るプロセスの連鎖をサプライチェーン（以下SC：Supply Chain）といいます。遠野市のように、特定の地域にSCがまとまって存在していて、関連する企業等が競争しつつ同時に協力しあう関係は産業クラスターとして機能します。地域全体のSCを構築することがクラスター戦略の核心となりますが、産業クラスターの取引関係を“見える化”して、林業・木材産業の「今」を把握できるようにするためのツールがメソ会計です。

　メソ会計は、企業等の組織を対象としたミクロ環境会計と、国家規模を対象としたマクロ環境会計との中間にあるシステムとして、特定の地域というある一定の空間的広がりを会計単位とします。具体的には、図表4の①から⑤の手順に基づいて、メソ会計モデルの構築と、産業クラスターの分析を行います。

　前節では、遠野木工団地が生まれた背景の考察から、遠野材の利用拡大と、一貫生産による高付加価値化が、産業クラスターにおける全体目標が明らかになりました（手順①）。木質系バイオマス事業の立ちあげも、廃材を地域内で利活用して木材の高付加価値化を図るという同じ目標をめざしていると考えることができます。

　協同機構に所属する事業体からデータを提供していただき、プロセスにおけ

図表3　遠野地域の木材産業のサプライチェーン及び産業クラスター

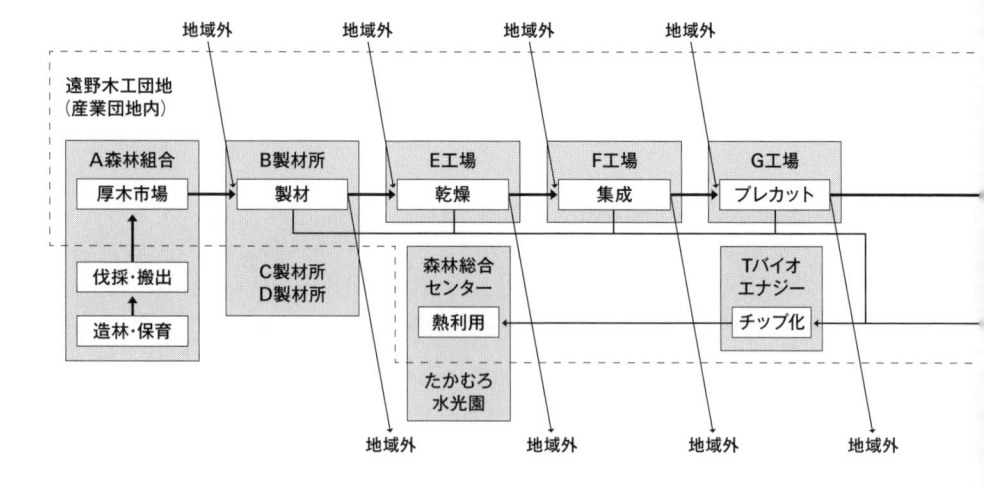

図表4　資源価値評価（メソ会計）の分析手順

	手順（分析のフロー）
①	国や地方自治体等における施策・事業計画を明らかにする。これらの施策・事業計画から、産業クラスター全体の目標を特定する。
②	事業体からプロセスにおけるマテリアルバランスを収集して、取引相手のそれと突きあわせ、マテリアルバランスマトリックスを作成する。
③	マテリアルフローに基づき、産業クラスターに属する事業体及びプロセス・活動、そこにおける取引関係を特定する。
④	事業体から関連データ（財務データ及び非財務データ）を収集し、マテリアルバランスマトリックスと組みあわせて、SC・クラスター集計マトリックスを作成する。
⑤	マテリアルバランスマトリックス、SC・クラスター集計マトリックスから、どこかに未利用の（あるいは、地域外に流出している）"資源"がないか、産業クラスターに関わる事業活動の"成果"が特定のプロセスに偏っていないか、どのプロセスがボトルネックとなっているか等、産業クラスターの課題を発見する。

るマテリアルバランス（用材・廃材等の取引先別のインプット／アウトプット）及び取引価格・取引金額が収集されました（手順②）。具体的には、図表5のように、協同機構に所属する事業体との取引に関しては仕入先・販売先の事業体別に、それ以外は遠野市内・岩手県内等の取引先の地域別にインプット／アウトプットのデータを整理しました。事業体がスギ・カラマツ等の樹種別、遠野材・岩手県産材等の産地別にデータを分けている場合は、データは分けて集計され

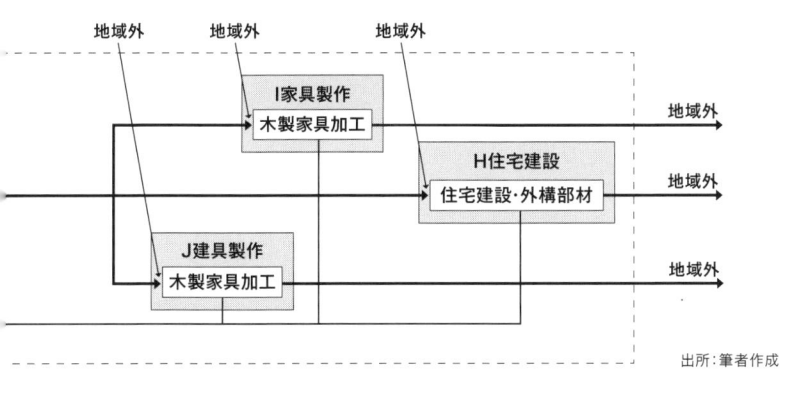

出所：筆者作成

図表5　木材及び木質系バイオマスの取引量・取引価格等の集計様式

仕入／販売先	樹種	産地	仕入数量	単位	単価	購入金額（税別）	購入金額（運賃・税込）
	スギ	遠野材		㎥			
		県産材		㎥			
		国産材		㎥			
森林のくに遠野協同機構　事業体名称	カラマツ	遠野材		㎥			
		県産材		㎥			
		国産材		㎥			
	その他	遠野材		㎥			
		県産材		㎥			
		国産材		㎥			
		外材		㎥			

海外輸入（直接取引）／日本国内／岩手県内／遠野市内

出所：筆者作成

ました。

　分析手順②以降の一例として、以下の2つの資料図表をご参照いただきたいと思います。まず、プロセス毎のマテリアルバランスは、資料図表Ⅰのように、マトリックス形式のインプット／アウトプット表として整理のうえ相互に取引関係を突きあわせることで、産業クラスターにおける事業体間或いは地域外との取引関係及び取引量が明らかになりました。また、資料図表Ⅱ及びⅢは事業

資料図表I　マテリアルバランスマトリックス（2015年度）

供給（売り手） \ 需要（買い手）		伐採・搬出 遠野地方森林組合	原木市場	製材加工 リッチヒル遠野	鈴木製材所	鱒沢製材所	乾燥加工 遠野木材工業	集成加工 遠野グルーラム	プレカット加工 遠野木材加工事業	住宅建設・外構部材 リンデンバウム遠野
伐採・搬出	遠野地方森林組合		6,118							
原木市場				2,815	176	84				41
製材加工	リッチヒル遠野				82	2		286		88
	鈴木製材所							23	265	199
	鱒沢製材所									1
乾燥加工	遠野木材工業									
集成加工	遠野グルーラム								36	6
プレカット加工	遠野木材加工事業									
住宅建設・外構部材	リンデンバウム遠野									
家具製作	ノッチ・アート遠野									
建具・内外装材製作	北上山地家具									
チップ化	遠野バイオエナジー									
熱利用	森林総合センター	供熱	供熱	供熱	供熱	供熱	供熱	供熱	供熱	供熱
	たかむろ水光園	供熱	供熱	供熱	供熱	供熱	供熱	供熱	供熱	供熱
その他の遠野市内			2,847	4,468	4,064				55	346
その他の岩手県内			1,189	7,377	865				642	1,304
その他			0	893	0				497	76
仕入総量		0	10,154	15,553	5,187				1,495	2,061

注記（図中の吹き出し）：
- 森林組合の記録（2015年1月1日～12月31日）は1,943㎡
- リッチヒル遠野の記録（2015年4月1日～2016年3月31日）にのみ数字有り
- 森林組合の直営チームによる生産量（間伐）は3,318㎡、その他2,800㎡は森林組合が他事業体に生産を委託した分（皆伐）
- 森林組合の記録（2015年1月1日～12月31日）は186㎡
- 鈴木製材所の記録（2015年6月1日～2016年5月31日）は235㎡
- 他に請負分が75㎡
- 他に委託分が75㎡
- 他に請負分が225㎡
- 他に請負分が5,565㎡
- 他に請負分が135㎡

出所：筆者作成

体・プロセスごとの取引関係をマテリアルベースの割合と取引金額で表したものです。

　遠野木工団地が生まれた背景の考察とこれまでの分析の結果から、遠野材の利用拡大と一貫生産による高付加価値化が、産業クラスターにおける全体

家具製作	建具・内外装材製作	チップ化	熱利用		その他の遠野市内		その他の岩手県内		その他		販売総量
ノッチ・アート遠野	北上山地家具	遠野バイオエナジー	森林総合センター	たかむろ水光園	用材	廃材	用材	廃材	用材	廃材	
											6,118
	森林組合の記録（2015年1月1日〜12月31日）は53㎥			背板221束（204㎥はリッチヒル遠野の記録）	1,050	0	2,865	0	3,974	0	11,005
		204			1,053	1,983	4,936	2,613（絶乾t）	1,289	0	9,923㎥+2,613D
1	9	393㎥+4t			1,137	506	736	1330	285	0	4,884㎥+4t
			50								
	鈴木製材所の記録（2015年5月1日〜2016年6月31日）は257㎥		チップ330㎥、背板63束（1束＝1㎥で計算）、バーク4t				他に請負分が5,565㎥		他に請負分が135㎥		
		11			441		1,177		22	114	1,765
		180			13	865	1,021	6	720		2,805
	端材等29t（11㎥は遠野木材加工事業の記録）			他に請負分が225㎥		廃材の自家消費19㎥を含めず					
			6	998		138	246				1,388
供熱	供熱	供熱			供熱		供熱		供熱		供熱
供熱	供熱	供熱	供熱		供熱		供熱		供熱		供熱
	うち海外輸入が12㎥										

目標として明らかになりました。廃材の地域内利用もその一環です。これらの結果から見えてきた課題と必要な対応策は図表6の通りです。

　結論からいえば、遠野材の利用は十分ではなく、一貫生産は実現できていません。また、産業クラスターの全体目標も実現できていないことがわかりま

資料図表Ⅱ　プロセス別の協同機構・市内・県内の取引割合（マテリアルベース）

	木材セ ンター	製材		プレカット				住宅建設・ 外構部材	
	販売	仕入	販売	仕入	仕入 （請負含）	販売	販売 （請負含）	仕入	販売
木工団地 ／協同機構	28.3%	14.8%	9.2%	20.1%	5.0%	0.0%	1.0%	16.3%	0.0%
その他の 遠野市内	9.5%	41.1%	21.1%	3.7%	3.7%	26.9%	8.7%	16.8%	0.7%
その他の 岩手県内	26.0%	39.7%	54.6%	42.9%	82.8%	71.8%	88.2%	63.3%	58.2%
その他 国内	36.1%	4.3%	15.1%	33.2%	8.4%	1.3%	2.1%	3.7%	41.0%
合計	100.0%	100.0%	100.0%	100.0%	100.0%	100.0%	100.0%	100.0%	100.0%

出所：筆者作成

資料図表Ⅲ　プロセス別の協同機構・市内・県内の取引割合（取引金額ベース）

	木材セ ンター	製材		プレカット		住宅建設・ 外構部材			廃材
	販売	仕入	販売	仕入	販売	仕入	販売		販売
木工団地 ／協同機構	30.1%	15.4%	13.2%	19.4%	0.0%	20.1%	0.0%		3.4%
その他の 遠野市内	9.6%	42.4%	21.2%	4.1%	26.7%	22.0%	0.7%		10.1%
その他の 岩手県内	28.2%	37.6%	50.7%	43.9%	72.0%	44.8%	58.2%		85.9%
その他 国内	32.2%	4.6%	14.9%	32.6%	1.3%	13.2%	41.1%		0.6%
合計	100.0%	100.0%	100.0%	100.0%	100.0%	100.0%	100.0%		100.0%

図表6　遠野市の木材産業の課題と対応策

	見えてきた課題	対応策
1	遠野の森林から生み出された素材は約8割が市外に流出している	パーティクルボードを製造したり、素材をチップ化し木質系バイオマスとして熱利用・発電利用したりするなど、地域内で新しい木材需要を生み出す
2	隣接する敷地にある上流及び下流のプロセスとの取引が少ない	協同機構というソフトウェアの枠組みのもとで、遠野木工団地が一体となって付加価値を高めるために、事業体間のコミュニケーションを促進する
3	廃材の9割が市外に流出している	市内の公共施設や学校等で木質チップボイラーの設置を進める等、地域内での木質バイオマスの利活用（需要）の拡大が急務

図表7 SCにおける個別事業体（または機能）の課題

Supply Chain	問題点や課題
乾燥加工・集成加工 E工場／F工場	乾燥加工・集成加工のプロセスとの取引の増大は、遠野木工団地を中心とする地域内でのスループットの拡大につながり、遠野材の生産・流通体制が整備できる ＊F工場の生産規模または稼働率に課題があり、ボトルネックになっている
製材加工 B製材所／C製材所	F工場は工場設備の関係から、カラマツを中心に大断面集成材を専門にしているため、スギを中心とするB製材所及びC製材所との間で、また、戸建木造住宅向けのプレカット加工を中心とするG工場との間で、需要及び供給のミスマッチが生じている
プレカット加工 G工場	
運搬、チップ加工 Tバイオエナジー	木質系バイオマスは運搬にコストがかかり、地域内で利活用する方が有利 ＊稼働状況をみると、チップ加工の生産能力には大幅な余裕がある
販売 H住宅建設	一貫生産を図るための産業クラスターが十分に機能していないために、H住宅建設は遠野材の調達が十分にできず、利用拡大が図れていない遠野材の生産・流通体制の整備とともに、H住宅建設の販売力（商社機能）を強化して、遠野住宅を市内・県内を超えて推進していくことが必要

した。製材事業体が全量遠野材を使用するとしても、その需要はB製材所及びC製材所を合わせても20,740㎡に過ぎず、素材の生産量に遠く及ばないのです。

　また、産業団地内で隣接する上流及び下流のプロセスとの取引が少ない状況であることも明らかになりました。SCにおける課題や問題点を整理すると以下のようになります。

5：木材産業クラスターが
　地域に生み出す多様な"価値"

　これまで何度も触れてきましたが、2015年に採択されたSDGsは、政府・企業・市民が経済成長とともに、雇用・労働や地域コミュニティ等を含む幅広い社会的ニーズ、気候変動や生物多様性等の保全に取り組むことを要求しています。その結果、企業組織は地球環境・人類社会の持続可能性に戦略的に取り組むようになってきています。

　他方、年金積立金管理運用独立行政法人が2015年に国連の責任投資原則（PRI: The Principle for Responsible Investment）に署名したことに代表されるように、ステークホルダーは企業を経済的に評価するだけなく、社会的ニー

ズや環境保全に責任を果たして、どのように長期にわたる価値創造を図るのかを評価するようになっています。企業は経済・社会・環境の戦略と過去の取り組みをまとめ、Global Reporting Initiative（GRI）のサステナビリティ・レポーティング・スタンダードや、IIRC（International Integrated Reporting Council）による国際統合報告フレームワーク等に基づき、ステークホルダーに開示する必要があるのです。

　また、社会的インパクトの評価ツールの開発を内閣府や社会的インパクト評価イニシアティブが推進しており、具体的な評価手法として、アウトカムを初期・中期・長期に分けたロジックモデル（Logic Model）が注目されています。このロジックモデルは「もし〜ならば、こうなるだろう」という仮説のもと、資源（インプット）と活動（アウトプット）・成果（アウトカム）を結びつけ、事業がその目的を達成するに至るまでの論理的な因果関係を明示し説明する事業の設計図です。（→詳細は最終章で紹介します）

　図表8は遠野木工団地を中心とする木材産業クラスターを想定し、短期・中期・長期に分けて、ロジックモデルにおけるアウトカムのイメージをまとめたものです。これらは、自治体・協同機構の政策目標・指標例として利用できるよう整理してあります。図表8の目標・指標には、木工団地が一体となって生み出す価値を高めるというアウトカムと、事業体の個別の価値を高めるアウトカムが含まれます。目標・指標は相互に結びつき、森林理想郷の実現となり、トオノピアを建設につながっていきます。

　前節における産業クラスターの分析から提示した改善案は、経済的な価値を高める取り組みです。すなわち事業体・プロセス間における遠野材の流通量（スループット）を拡大させて、一貫生産体制の確立による遠野材の高付加価値化を図り、個別事業体の収益性を改善させるわけです。また、木質系バイオマス事業に関連して、チップボイラーの増設や稼働率を向上させることで、製材廃材・林地残材等の利用が拡大し、木質系バイオマス事業の収益性が改善されます。このようなストーリーは、遠野地域の林業・木材産業のブランディング、すなわち遠野材のブランド化による高付加価値化につながります。

　産業クラスターの存在は経済的な価値とともに、社会的及び環境的に多様な価値を地域に生み出しています。社会的な価値を表す指標としては、例えば、

図表8　木材産業クラスターの政策目標・指標例

	短期	中期	長期
目標	遠野材の利用拡大	遠野材の生産・流通体制整備 森林管理体制の整備	公民協同の森林理想郷の実現 トオノピアの建設
経済指標	地域内スループットの拡大 （廃材の地域内利用を含む）	個別事業体の収益性改善 一貫生産による高付加価値化	遠野材のブランド化
社会指標	雇用創出・賃金水準の引上 地域との取引関係の拡大	地域コミュニティとの共生	地域ブランディング
環境指標	森林整備の促進 廃材廃材・林地残材等の 利用拡大	健全な森林の育成（森林の多面的価値の持続的な発揮） 化石燃料代替・温暖化ガス抑制	

出所：筆者作成

短期のアウトカムとして、雇用人数・賃金水準、地域との取引関係（地域にまわる貨幣の量・割合）が考えられます。これらは、地域経済・社会に波及する社会価値を高める指標で、地域コミュニティとの関係を深め（中期）、地域ブランディング（長期）につながっていきます。

　また、環境に関係する指標としては、短期のアウトカムとして、遠野材の需要拡大に対応した主伐・間伐の促進（主伐後の植林を含む）、製材廃材・林地残材等の地域での利活用の拡大があります。これらは、森林生態系の保全による多面的機能の持続的な発揮[*56]、重油・ガス等の化石燃料からの代替、CO_2排出量の削減等、中期・長期のアウトカムにつながっていくのです。

　遠野市には主要な木材生産事業体として、A森林組合のほかに（株式会社・協同組合・個人事業主と形態はさまざまですが）4事業体が存在します。遠野材が協同機構及び市内の木材加工事業体でどのくらい利用されているのか、どのくらい市外へ流出しているのかを詳細に調査するためには、木材生産事業体に対する調査が不可欠です。遠野材の地域での利用拡大が森林に与える影響は、森林整備の促進や健全な森林の育成として、環境に関連する指標となります。

　遠野市内の主要な5つの木材生産事業体に対して、現在調査が行われています。データは整理中ですが、遠野の森林から生み出された素材は約8割が市外に流出しているという、本章と同じ結論になりそうです。木材生産事業体の経営者が口をそろえて言うのは、「遠野で売ろうとしても買いたたかれる。

盛岡に持っていった方が輸送コストを考えても高く売れる」ということです。

　この言葉の背景には、遠野木工団地にある木材流通センター（原木市場）の取引数量が少ないため、買い手も集まらなくなり、どうしても売買価格が安くなってしまう。また、売買価格が安いから、遠野の原木市場には素材が出てこない、という2つの事実が隠れています。このような負のスパイラルが生じ、遠野材は協同機構及び市内の木材加工事業体に流れなくなってしまっています。また、木材生産事業体には市外の木材加工事業体との長期にわたる取引関係がある中で、協同機構及び市内の木材加工事業体がスポット的に素材を買いたいといってきても、どうしても後回しになってしまう事情もあるようです。

　岩手県産材認証推進協議会が行う「県産材」の産地証明制度のように、遠野材のブランド化を図る仕組みがない状況において、遠野材の利用拡大を地域で図るためには、協同機構や遠野市農林課がリーダーシップをとって、地域的な政策価格を導入し、木材生産事業体と木材加工事業体との間で、長期的かつ安定的な取引関係を確立する（一定期間、一定の素材を少しばかり色をつけた価格で協同機構がまとめて買い取る）ことが必要かもしれません。そのためには、木材産業クラスターが当初の理念のとおりに一貫生産による高付加価値化を実現し、遠野材のブランド化を図り、新たな経済的価値を生み出していかなければなりません。新たに生じた経済的価値を木材生産事業体とともに分けあい、さらには遠野の森林に還元していくことによって、伐採後に森林所有者による植林・間伐等の森林整備が推進されて、健全な森林が育成されることになります。

6：真の木材産業クラスター構築に向けた道筋

　さて、ここまで遠野の木材産業の現状と課題を分析してきましたが、本書のテーマは、産官学民のニーズが乗じる形での協働的な実践活動を継続させていくのには、どのような理屈や意思決定、そしてリーダーシップやコーディネート力が必要なのか、それはどのような形で実行されるべきか、そして、成果を生み出すためには、どのような創意工夫が必要なのか、という疑問に応えるものです。そこで、先に触れた福島県の原発による被害地域への応用性も含め、

資源価値評価が果たす役割と具体策について言及してみたいと思います。

　遠野市における資源価値評価分析から明らかになったことは、現状では遠野材の利用は十分ではなく、協同機構という公民協同の枠組みはあるものの、一貫生産は実現できていないことでした。産業クラスター全体の経済的な価値を高め、かつ個別事業体の収益性を改善するためには、事業体間のコミュニケーションを促進し、事業体・プロセス間における遠野材の流通量を拡大するほか、地域内で木質系バイオマスの利活用を増やすことなどが必要となります。

　一方、前述のように遠野木工団地は、経済的な価値とともに社会的及び環境的に多様な価値を地域に生み出しています。これらの価値を自治体・協同機構及び個別事業体は認識し、戦略的に高めていくことが重要です。本章では短期→中期→長期と展開できるよう、多様な価値の指標を整理しました。その結果、実際に産業クラスター全体の目標と個別事業体の目標を結びつけて調整を図るほか[*57]、いくつかのシナリオを設定した後、それと現状とを対比させて代替案の検討を進めることが、問題解決に向けた次のステップになるものと考えられます。

　遠野市の木材産業クラスターが目標とするアウトカム（図表8）を、主として森林整備にともなって生じる環境の側面を除いて整理しますと、第1に、一貫生産体制の確立により遠野材の高付加価値化を図り、個別事業体の収益性を改善させること。第2に、製材廃材・林地残材等の利用拡大を図り、木質系バイオマス事業の収益性を改善させることがあげられます。木質系バイオマス事業は、数多くの中山間地域でトライアルされていますが、初期設備の導入時の補助金なしで減価償却を回収できるほど収益があがっているような成功事例はあまり多くありません。

　また、第3に、事業体間のコミュニケーションを促進し、事業体・プロセス間における遠野材の流通量の拡大、地域内で木質系バイオマスの利活用の増大を図ることも必要です。産業クラスターの形成をめざした組織的な取り組みによって遠野木工団地が誕生したのにもかかわらず、遠野材の流通量に問題があるとすれば、協同機構という公民協同の枠組みを中心に、生産地である遠野において互いに共通価値を享受できる戦略や体制づくり、すなわちサプライチェーンマネジメント（SCM: Supply Chain Management）の再構築が急務

なのです。つまり、木材産業の競争優位を継続的に確保するために、SCMによって事業体・プロセスの情報共有や連携を図り、SCにわたる一連の活動を統合していくわけです。

そして、地域コミュニティとの関係を深め、地域ブランディングの確立へとつなげていくことが最終的な目標になります。地域ブランディングに向けた取り組みが日本各地で始まっており、例えば、近畿大学の養殖マグロ、日間賀島のフグ、そして、関さば等、水産業の現場でご当地の強みを活かした専門家によるマーケティングが効果を現しているからです。

これらの目標に向かって地域で組織的に取り組むためには、これまでの章で取りあげた「みらい創り」とタクティカル・アーバニズムの組み合わせによる「まち」創りを「しごと」創りに応用することが、1つの解決策になります。目指す方向性は図表8で既に示していますが、長期的なゴールの達成に向け、タクティカル・アーバニズムの考え方と、カレッジが進める「みらい創り」(産官学民の連携による課題解決の実践活動)を組みあわせると、図表9のような枠組みとプロセス(工程表)が提示できます。

この工程表は、1章の「まち」創りの論理を一般化したものです。まず産官学民の総意を得るために林業関係者及びユーザーとの必要な関係性を構築図った上で、みらい創りカレッジに関与者を集めて、「対話」をベースとした課題の特定から目標の設定・解決までの協働的な実践活動をコーディネーター中心に実施します。その際には、カレッジで活用している共通価値中心設計を活用して、コンセプト創造までを実施します。そして、そのコンセプトに即したプロジェクト(重要な兆し)を特定し、実施体制を構築するのです。

遠野や白老でのみらい創りプロジェクトでは、実践活動を最低2年は繰り返し実施し、コミュニティ組織のプロジェクト活動にできるだけ多くの時間を避けるような工夫がなされました。というのも、主体的に実践されるプロジェクト活動においては、内外のサポーターを巻き込むことで多くの実践知が集合化されることが、これまでの実証で明らかになってきたからです。そして、実践活動の期間中に、プロジェクトのリーダーに依頼する形で以下のプロセスに入ります。

リーダーは、プロジェクト設立時点で関係者間の総意を得て「ビジョン」を

図表9　木材産業活性化に向けた、タクティカル・アーバニズムと「みらい創り」の融合

①タクティカル・アーバニズム				
めざすべき目標	共有するビジョン	Public Action	Pilot Project	暫定的 Design（仮）
個別事業体と木質系バイオマス事業の収益性改善	トオノピアプラン「森林理想郷」の構想を、コミュニテイ組織を軸に実現	専門家を囲んでの勉強会 先進事例研究会 （研修旅行）	バイオマス利活用実験 短期的新規奉戴受け入れ （3年程度）	木質バイオマスによる一部地域への電源供給（SDGs）
事業体・プロセス間における遠野材の流通量の拡大		SCMに向けた対話会		SCMに基づく調達によるクラスターの再形成
地域コミュニティとの共生と地域ブランディング確立		産業祭り 見本市など	林業ツーリズム 馬搬体験会	新トオノピアプラン構想のデザインと実践活動継続化
②「みらい創り」の実践				
時間軸（およそ1年間） 関係性の再構築 （林業関係者、ユーザー） ➡		関係者のニーズ把握と プロジェクト活動の特定 （共通価迪中心設計を活用したリビングラボ） ➡		プロジェクトの 実践とレビュー （Public Actionと連動）
③リソース：テクニカル・コーディネーターまたはマーケティング・コーディネーター（テレワーク企業）				

形成します。そして、そのビジョンに基づいた短期的／長期的なコミュニティ組織中心のイベントアクションを確実に展開し、数年後にパイロットプロジェクトを実施できるまで、タクティカル・アーバニズムの手法を用いて関係者間の価値共創を実現していきます。できればここに、行政や研究機関の専門家、或いは企業のマーケッターが参画することが望ましいと考えられます。

　困難を極める日本の第一次産業の再生については、他にも多くの実証実験が繰り返され、短期的／期長期なソリューションが示されています。遠野市のように、遠野みらい創りカレッジという場において、既に関係性が構築されていることを前提とすれば、研究者による分析と課題発見活動を積極的に受け入れ、関係者間で課題解決を実践していくことは可能であり、解決方法も汎用化できるものと考えられます。

7：海や陸の豊かさを守り育てるリーダーの育成

　さて、専門の研究者による「陸の豊かさの分析」を踏まえ、遠野市の森林資源の活用のあり方と、今後の産業振興の論理をまとめることができました。

そこで本章の最後に、この考え方を福島イノベーション・コースト構想への応用が可能かについて考えてみたいと思います。

　その手順は普通でしたら、対象地域（ここでは浜通り）の事業計画と産業クラスターの取引関係を見える化し、産業の現状を明らかにするところから始まります。そして、その上で商取引に必要な要素の情報収集を試み、フローとマトリックスを作成。商取引関係やネットワークを特定して資源の利活用の過不足や、ボトルネックを特定していくのです。比較的被害が少なかった地域（いわき、南相馬、川内等）では農林業と、それに関連する産業政策を洗い出し、事業所間の取引状況や事業所自体の稼働率を調査することで、特に地場産業といわれるものの実態がわかることになります。

　しかし、先にお示ししたように、この地域の産業は今のところ除染と廃炉のみです。そして、そもそも問題点は、この地域では農林水産業を別にすれば、現在の際立った産業が除染、廃炉を産み出すことになった「原発産業」であったことにあるのです。主体的にイノベーションを産み出す必要もない、政府主導の電力ビジネスが使用済み核燃料を産出し、不幸にもこの地を汚染することになったのです。論理的に言えば、これまでのビジネスは、「みらい創り」とはかけ離れた産業だったわけです。それでは、福島県浜通りの「みらい創り」には、私たちが学んだ「陸や海の豊かさを守り育てる」専門家の手法や、遠野市で実践してきた「まち創りの論理」が通用しないのでしょうか？

　ひとつ考えられるとすれば、浜通り地域に取り残された農地、いわゆる耕作放棄ではない「耕作者不在農地」の資源価値を評価する方法が考えられます。対象エリアは15市町村、面積合計はおよそ3,560平方キロメートルで埼玉県とほぼ同等の広さです。そのうち津波被害が及ばなかった農地面積はおよそ2万3,700平方キロメートルという報告があります[*58]。仮にその30％が「耕作者不在農地」だとすると、約7,000haの資源が存在することになります。もちろん、そこを遠野のように森林（或いは農産）資源地域と位置づけ、産業クラスターの創造に向けた調査を実施することは、今はかないません。しかし、国と福島県の主導で、前述の福島イノベーション・コースト構想を発表し、その対象農地にロボットテストフィールド（南相馬市、浪江町）や、エネルギー関連産業の導入プロジェクトの実施を内外に明らかにしているのです。

しかしどうでしょう。遠野ピアプランとは比較にならない大規模農地とはいえ、産業クラスターはそう簡単にできるものではありませんし、事前のソフトウェア構想を省いて官主導のハード設置に力を入れすぎると、産業創造にゆがみを発生させ、住民不在の「まち」創り、「しごと」創りとなってしまう懸念があります。私たちは、今、浜通りに必要なのは官主導の産業創造に焦ることではなく、産官学民が連携して進める、この地域の担い手となる「ひと」創りにあるのではないかと考えています。

　図表10の行程表の前提となるのが、2章のテーマであった「ひと」創りです。人材育成を産官学民の連携で実践してこそ、「しごと」創りへと発展させることができます。遠野市では、官民協同のソフトウェアとでも言うべき森林理想郷の構想が先にあって、林野庁の予算がつき産業団地・工場設備等のハードウェアが建設されました。地域コミュニティ主導で課題解決に取り組み、地域資源の利用拡大と高付加価値化を図った事例で、高く評価できる取り組みです。しかしそれでも、遠野木工団地が誕生して25年以上がたち、協同機構という枠組みを中心に、遠野の木材産業クラスターにおいて新たな共通価値の創造をめざした戦略の策定や体制作りが急務となっているのです。

　カレッジのプロラムの企画と実践に、ローカルなプロデューサーによる総合的なマネジメントが不可欠であるように、産業振興にはしっかりとしたビジョンを関係者間で共有し、前節で示した戦略推進の行程をリードし、結果をコミットできるプロデューサーによるマネジメントが必要です。遠野の木材産業クラスターには、遠野木工団地の創業期にプランを企画し、地域コミュニティを組織し総合力で実現に向けて実践しようとしたプロデューサーがいましたが、創業期の意思を受け継ぎ、困難に立ち向かっていけるような次世代を担う人材を育てられなかったのは事実です。突然スーパーマンが出現して、課題解決に尽力してくれるのは映画の世界の話でしかありません。

　従って、研究者による調査と分析から明らかになった現状を真摯に受け止めて、1段ずつ階段を登っていくが如く、地域人として課題解決に覚悟をもって取り組んでいくことができる人。そうしたプロデューサー型人材育成に取り組むのも、研究組織やカレッジの役目です。2章で著したように、外部の専門知識、実践的な経験値、そして何よりも地域の若者の力を借りて、第一次産

図表10 浜通り地域再生に向けた、タクティカル・アーバニズムと「みらい創り」の融合

①タクティカル・アーバニズム				
めざすべき目標	共有するビジョン	Public Action	Pilot Project	暫定的 Design (仮)
廃炉や除染にとらわれない地域の可能性の発見	福島イノベーション・コースト構想	専門家を囲んでの勉強会や研修旅行の実施 *ホープツアー実施中	研究者×若者による短期的新規事業の受け入れ(1〜3年程度)	陸と海の豊かさを守り育てる産業創造(SDGs)
浜通り全体の地域コミュニテイ把握と関係性構築	浜通りの「みらい創り」	国際交流イベント(屑一切現状を共有)	テレリサーチ環境の設置と運営 浜通りカンタービレ(音楽によるコミュニティ再生)	笛の高い教育をみんなに(SDGs)
②「みらい創り」の実践				
時間軸(およそ1年間)関係性の再構築(帰還コミュニティ) ➡ 関係者のニーズ把握とプロジェクト活動の特定(産業創造、教育改革を軸としたビングラボ) ➡ プロジェクトの実践とレビュー(Public Actionと連動)				
③リソース:テクニカル・コーディネーターまたはマーケティング・コーディネーター(テレワーク企業)				

業にイノベーションをおこすことができるローカル・プロデューサーの育成は、「みらい創り」活動とともにカレッジの課題となっています。

　同様に、福島浜通りにおいても、イノベーションを牽引する人材育成「ひと」創り、つまりリーダーの育成が不可欠です。原発産業から除染、廃炉へと進む魔のサイクルからの脱却を前提に、当地の可能性を推し量ろうとする研究者や研究機関と、この地の再生を20年〜30年で成し遂げようとする若年層とを結びつける「持続的かつ質の高い教育」プログラムを企画提供するのです。

　図表10は、遠野の木材産業の活性化を参考にして、浜通り地区の再生計画を立案したものです。帰還したくてもできない、故郷で仕事をしたくてもできない人々が県内外に70〜80％を占めている地域では、ICTをフル活用したコミュニケーションや対話がなされるべきです。私たちが培ってきた関係性の構築や教育をベースにしたまち創りと、テレワークやテレリサーチを活用した実践知の集合化は、この地にとってのイノベーションの種となります。

　2019年春、当部門から私を含む4名が浜通り地区を訪れ、復興・復旧の現場を観察することができました。先人は「風が吹けば桶屋が儲かる」と伝えてきましたが、「投資をすれば地域が儲かる」というような楽観論にはたどり着けませんでした。資源を確保すること。そしてそれを私たちの未来のために使

うこと。それのスパイラルが回転しない状況でいたずらに投資を繰り返すことには賛同しかねるのは私だけではありませんでした。おそらく、地域活性化を地域の人々の手で実践できるような支援が求められています。言い換えれば「for the region、by the region、to the region」、地域人による主体的な活性化策を一丁目一番地に置くことを、私たちは強く提案したいと思います。

　本書の2章では、アートというコミュニケーション技術を活用した「ひと」創りを取り上げ、若年層のクリエイティブな諸活動を推進するプログラムを紹介いたしました。こうした取り組みは、ロボット産業の誘致やエネルギー事業プロジェクト促進とは対極的に見えますが、将来の産業創造の礎を築く取り組みといっても過言ではありません。但し、浜通り地域がそれぞれ別個に取組むのではなく、全体の総意と地域を限定して実施されることが望ましいと私は考えます。面積の広いこの地域で、実際に戻ってこられる人々とそのコミュニティ組織、戻れないけれども県内でこうした活動を強く支援できる人々や組織。まずは、このような資源を推し量り、適正な地区で「ひと」創りをスタートさせるのです。地域の皆様から伺ったのですが、「浪江郡」というDistricts（地区）単位で帰還情報を共有し、しごと創りを推進することでコミュニティの活性化がなされているといいます。かつて、Business Innovation Districtsを推進するために盛岡に拠点を構えたと同じように、私たちは福島市や郡山市に支援拠点を構えることも検討しています。

　遠野と浜通り。一見つながっていないようで、実は互いに影響しあえる研究を続け、それぞれの地域が抱える課題を解決しながら産業を創造していくこと。私たちには長く険しい道のりが待っていますが、この国の豊かさを守るため、研究と教育を軸に「ひと」「まち」「しごと」の順で、住み続けられる地域の再生に携わっていくべきだと考えています。

注：

*48 　遠野みらい創りカレッジ編著「『地域社会の未来をひらく』p.74，水曜社「文化とまちづくり叢書」2016年。

*49 　企業等の組織を対象としたミクロ環境会計と，国家規模を対象としたマクロ環境会計との中間にあるシステムとして、特定の地域というある一定の空間的広がりを会計単位としています。

*50 　千葉（1978），p.177.

*51 　HOPEは「地域固有の環境を具備した住まいづくり（Housing with Proper Environment）」の略称。

*52 　立花（2000），p.2.

*53 　遠野市企画調整課（1991），p.118.

*54 　遠野市企画調整課（1991），p.119.

*55 　立花（2000），p.1.

*56 　森林生態系の維持によって、森林の多面的な機能が高度に発揮されるという考え方は、日本の森林計画学・森林経理学の基本となっています。林野庁（1972）・三菱総合研究所（2001）による森林の公益的機能の評価でも同じ考え方が用いられています。

*57 　産業クラスター全体の目標と個別事業体の目標を結びつけて調整を図るには、組織の戦略的マネジメントシステムであるBSC（Balanced Scorecard）を応用する方法が考えられます。BSCは業績評価を通じ、ビジョンと戦略を組織全体において共有できるようにして、その組織を経営管理し成功に導きます。

*58 　渡部幸英「東日本大震災による福島県の被災状況と対応」福島県農林水産部 農村基盤整備課，2012年4月。

参考文献：

・立花功（2000）「遠野地域木材総合供給モデル基地－通称「遠野木工団地」、その背景と建築士のかかわりから－」(協)岩手県建築士事務所協会『まがりや』No.39, pp.1-10.

・千葉富三（1978）「"民話のふるさと"遠野―北上山地の大自然に息吹く永遠の田園都市づくり〈トオノピアプラン〉の視点と原点―」『新都市』第32巻第10号、pp.170-189、財団法人都市計画協会。

・遠野市（1977）『遠野市総合計画 基本構想 基本計画』。

・遠野市企画調整課編（1991）『遠野市総合計画 トオノピアプラン 基本構想 第四次基本計画』遠野市。

・遠野ホープ計画協会編（1986）『遠野市HOPE計画（地域住宅計画）―HOPEで甦る民話の里―』岩手県遠野市。

・三菱総合研究所（2001）『地球環境・人間生活にかかわる農業及び森林の多面的な機能の評価に関する調査研究報告書』三菱総合研究所。

・林野庁（1972）『森林の公益的機能に関する費用分担および公益的機能の計算、評価ならびに多面的機能の高度発揮の上から望ましい森林について（中間報告）』。

企業の"みらい創り"に必要な
戦略と評価方法

企業の「みらい創り」のゴールと評価

今日、経営戦略としてのCSR（Corporate Social Responsibility：企業の社会的責任）が定着し「企業価値の向上」や「競争優位」と直結したCSR及びCSV推進が提唱されている。しかし、それは元来企業による利益追求最優先に起因する不祥事等の反省として求められたCSRが逆に企業利益の追求手段として位置づけられるという逆転現象にも見える。また近年、欧州を中心に企業組織のSGDsへの積極的な取り組みが顕著であり、日本企業はその動きに乗り遅れているのが現状である。

本章では、実際にコンプライアンスの問題で迷走する企業の事例と昨今特に顕著な経営統合戦略を参照し、CSR経営のいわゆるディフェンシブ性とオフェンシブ性を実際の企業活動を通じて分析する。そして最後に、企業の社会貢献活動の社会的インパクトの捉え方を出発点として、企業組織がSDGsの取り組みを通じて、新たな成長或いはイノベーションを組織内部或いは外部のいずれから獲得すべきかについて考察する。

1：迷走する企業組織

　さて、本書を締めくくる本章の冒頭ではありますが、昨今頻発する企業の迷走について触れたいと思います。私たちの前著『学びあいの場が育てる地域創生』の序章において、日本企業の地盤沈下について言及しました。それは、コンプライアンスやガバナンス力の欠如で「老舗企業が一夜にしてその信頼を失い、一時的とはいえその企業価値を失っている」というものでした。しかし昨年来、かくも多くの企業で、不正会計処理や不良品質検査などの問題が発覚し、一部は刑事事件にまで発展するといった状況に陥るなどということは、その時点では思いもしませんでした。私自身の所属する企業の子会社でも、不適切会計処理の問題で世間をお騒がせすることになったことは、汗顔の至りです。

そして、こうした報道を吹き飛ばしてしまったのが、カルロス・ゴーン会長逮捕に始まった日産自動車の不祥事です。メディアはこぞって、大物経営者の逮捕、特捜部と特捜部出身の弁護士との係争、そして日本の司法制度の正当性等々、平成最後の企業スキャンダルとして扱い、報道競争にまで発展していきました。しかし、ことの本質は経営TOPによる企業の私物化と、それを未然に防止できなかった経営体質（システム）にあることに、多くの皆さんが気づいているはずです。司法制度のインコンシステンシー（不整合）が国際問題に発展する以前に、私は昨今の企業経営力や企業組織力が、著しい低下傾向にあるような気がしてなりません。

　それを企業組織の迷走とひとくくりにしてはいけないのでしょうが、同じ企業人としてこれらの迷走に憤りを感じるのは私だけではないはずです。それにしても、企業は何故自ら「企業価値を貶めること」をしてしまうのでしょうか？

　経営幹部自らが悪事に手を染めてしまったのではないのをよいことに、「お客様のために再出発する」といった発言を繰り返すサラリーマン経営者にとっては、企業の社会的責任論を持ち出すこと自体に無理があるのかもしれません。この国の「みらい創り」の出入り口は閉ざされてしまったのでしょうか？

　とはいえ、本章の役割は企業の「みらい創り」、言い換えれば企業組織がSDGsを掲げ、真に働きがいを感じることができる成長や協働に必要な戦略と評価方法を示すことです。反省すべき企業の失態を冷静に参照しつつ、復興支援や地域創生に携わってきた私たちだからこそ可能な一般論としての企業の「みらい創り」について言及してみたいと思います。そして本章の最後に、企業の「みらい創り」あるいはSDGsを主流とした地域創生への取り組みの社会的インパクトに着目し、グランド・メイキング手法で企業の社会貢献度や実践的な諸活動を"定量的かつ定性的に"分析してみたいと思います。

企業の「みらい創り」① ：コンプライアンス・マネジメント

　まずは企業の「みらい創り」に欠かせないであろう、企業の不正や腐敗を防止するマネジメント（本章ではコンプライアンス・マネジメントと呼ぶ）について言及したいと思います。というのも、これまでどんなにCSR（Corporate Social

Responsibility）経営の大切さを世に唱えたり、震災復興に身を削ったりしたとしても、不正会計処理や不良品質対応などの発覚で、くどいようですが企業価値は一瞬にして地に落ちてしまうからです。世間一般にブランドイメージ力が高い企業であっても、事案の中身次第では、その企業が自ら失策を犯し失態を演じてしまったという汚点のみが、人々の記憶に残ってしまいがちなのです。

　先ほど触れましたが、海外子会社での事案とはいえ、私の所属する企業で不適切会計処理（売り上げの水増し）が発覚し、その責任を取る形で当時の会長以下、主だった経営陣が退陣するという事態にまで発展してしまいました。振り返れば20世紀後半、ゼログラフィー*59という「画像」処理にまつわるイノベーションが、消費者にも、そしてオフィスにも瞬く間に普及していきました。それに併せて企業収益も右肩上がりに成長していきました。これまで私自身、成長する企業に身を置いているとの実感と誇りがありました。しかし、皮肉なことに、業績低迷、事業構造の見直し、そして今回のコンプライアンスの欠如の進展を企業組織の内側から眺めることとなったわけです。

　悪意ある犯罪行為は除くとして、企業の失態の多くは「開示不正」と「会計不正」に大別していいでしょう。本書ではその詳細を論じませんが、私なりに言及するならば、これらの不正は省察と再考をよしとしない研究開発や品質保証環境、そして、なにより自分だけがよければいいという身勝手なマネジメント環境から生まれています。これらの問題への改善なくして「日本企業の復活はなし」と言っても過言ではないでしょう。例えば、昨年世間を賑わせた日本大学アメリカンフットボール部のタックル問題でも取り上げられているように、既存組織のハイアラーキーのもとで、正しい考え方を主張しづらい、受けつけにくい職場環境。そしてTOPがこのことを理解しようとしない企業風土や文化が多いことを我々は認めざるを得ないでしょう。

　企業責任とコンプライアンスに関して、青山学院大学名誉教授の八田進二先生は、企業を取り巻く社会において、企業組織がその社会の「期待と信頼」に応える社会的・道義的責任を持つことを前提に、コンプライアンスとは文字通りの法令遵守というよりも、企業を取り巻く利害関係者のさまざまな声（「期待と信頼」）に耳を傾け、企業自らの社会的・道義的責任を果たすために最善

を尽くすことと、定義されています[*60]。私たちが1章で紹介した「協働と信頼」は、まさに社会から企業への声から得られる資本にほかなりません。

　また、企業の不正を「機会」、「動機」、そして「正当性」の3要素に分類し、それぞれの抑止策に言及されています。「機会」については、不正行為の実行を可能ないし容易にする客観的環境面での施策を講じること、そして「動機」と「正当性」については、不正行為の欲求や是認しようとする主観的な環境を排除することであると、それぞれ事例をあげて紹介しています。

　しかし、正しいコンプライアンスについて、既存のハイアラーキーで上位下達しても効果は限られてしまいます。なぜなら、絶対服従、役割遂行先行型の客観的な評価環境の下、管理者はコンプライアンスを超える実績と"隠し通す行動"を求めてしまうからです。また、主観的な事情を制限するための「内部統制」の強化にしても、統制環境を越えるマネジメント側からの暗黙の指示や圧力などが存在する場合には、不正行為が見逃されてしまうこともあります。

　従って、正しいコンプライアンス・マネジメントの獲得や導入には、オープンな環境下において、組織の正しい関係性を保全するコミュニケーションルートの開拓や確保からスタートすべきであり、組織内部にこのコミュニケーションルートをシステムとして装備させることが必要です。八田先生はこれを、内部統制システムとして表しています。それは、内部統制の主観的かつ客観的環境の敷設や強化に加え、企業組織において統制可能なシステム、言い換えれば経営リスクを未然に防ぐリスク管理システムを、企業内部に法令や制度化を活用して浸透させることなのです。

　多くの日本企業はCSR経営を長年研究し、その言行一致（自ら実施した内容や業務を一般化できるようアニュアルレポート等で現すこと）に取り組んできました。迷走を続けてきた企業にとっても、この姿勢は当然維持・継続されなければなりません。そして、これまでめざしてきたCSR経営に立ち返りつつ、コンプライアンス・マネジメントが実践できる環境を直ちに整備する必要があります。そのためには、グローバルに通用する人事や評価システム変革のタスクチームを、外部資源活用をベースに直ちに立ち上げ、即座に実践活動に入らなければなりません。そして、そこで示される新たな内部統制システムを全組織に導入すべきなのです。

この考え方に賛同する一方で、多くの企業組織で成員に業績や成果のコミットを強要するなど、いまだに多く見受けられる「結果の質を求め過ぎるマネジメント」から、本書で何度もご紹介している「関係性の質を高める組織変革のマネジメント」への転換を図ることが、企業のSDGsを掲げた「みらい創り」に欠かせないコンプライアンス・マネジメントだと私たちは考えています。

　そのベースとなるのが、Risk Avoidance Management（リスク回避経営）です。それは、経済性であれ社会性であれ、企業が追求しようとする全ての方向性において基軸或いは土台になるものです。業績のよい企業の多くは攻める気持ちが強く、CSR経営を標榜する場合、どちらかというと経済性（Economic Value）を考慮した調達方法や環境マネジメントなどに積極的に投資し、Mainstream（本業）に寄与するCSRを経営の基軸にしがちです。こうした戦略は経営者からラインの管理者に伝播し、CSR経営の組織的な取り組みとして一般的には高く評価されています。

図表1　企業がめざす「社会的」「経済的」価値の同時達成

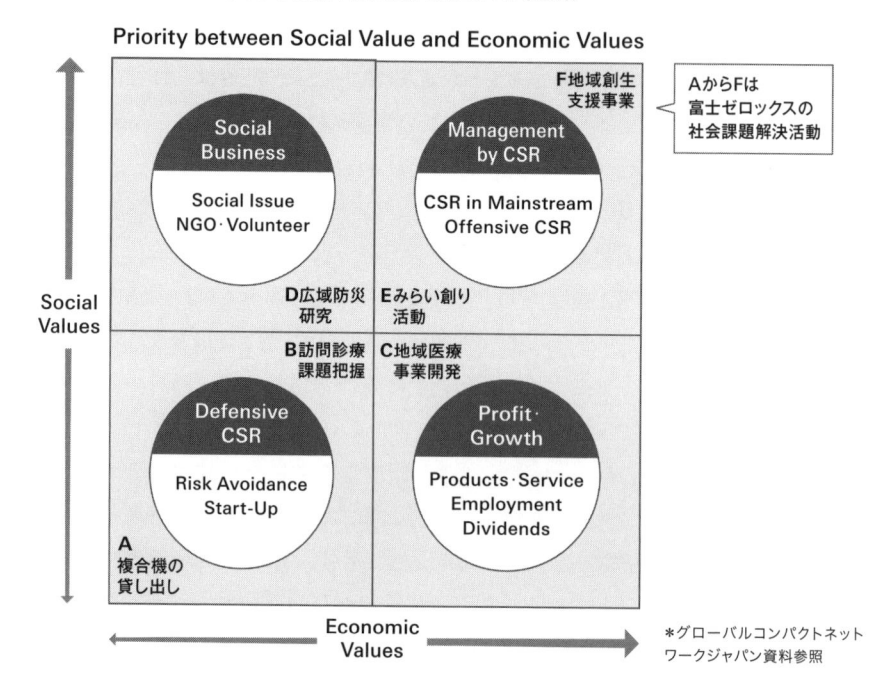

さらにそうした企業は、企業活動の経済性に軸足を置きながら、投資したリターンを社会貢献などに還元することを、一般的なCSR経営と位置づけてしまいがちです。企業組織による社会人スポーツなどが顕著な例ですが、高い利益を上げている企業が冬季スポーツや団体球技などの社会人チームを設置してその社会性に投資します。しかし、業績の悪化でチームの維持・継続が困難になると廃部を決定します。行き場を失ったアスリートの多くは、プロ化を検討しますがその道はなかなか険しいようです。

　ここで私たちが実現すべきは、常にRisk Avoidance Managementを保ちつつ、Mainstreamにおける収益力を「社会課題の解決」に向けることです（図表1）。私たちは、被災地支援や遠野市での「みらい創り」活動を、「企業のCSR経営」の一環として取り組みました。常に地域の真の課題を探索し、その解決策を地域の目線で講じてきたのです。そして、その活動が功を奏し、地域医療を補完するソリューションや地域創生を支援する事業が創出されたのです。

　しかしながら、コンプライアンスの問題が浮上したことで、大げさではなくこれまでの活動は土台から瓦解してしまいました。現在、地域の多くの関係者との間で、私たちの活動の方向性を改めて明示化させていただいておりますが、土台であるコンプライアンス・マネジメントの愚直な実践こそが信頼を取り戻す前提条件です。自らがその真っ只中にいるとは皮肉なものですが、企業の「みらい創り」はこのコンプライアンス・マネジメントが出発点であるといっても過言ではないでしょう。

企業の「みらい創り」②；経営統合による技術力や組織力の増強

　次に、経営統合による企業の「みらい創り」について言及していきたいと思います。というのも、リーマンショックから立ち上がったグローバル企業の多くが、異なる企業組織や事業を統合し、より一層競争力を高めたり企業規模を拡大させたりする戦略を積極的に用いているからです。この経営統合の問題について述べようとしますと、日産とルノーの経営統合の問題がどのように進展するのか等、昨年世間を騒がすこととなった事案がどうしても頭をよぎりま

す。しかし、ここでは経営統合による技術力や組織力の増強が企業のみらい創りに与える影響を、一般論として皆様にお伝えしようと思います。

　この章で議論の対象とする経営統合とは、異なった資本、異なった指揮命令系統、異なった組織文化のもとで育ってきた2つの経営組織が、1つの目的をもった組織あるいはプロジェクトに改編され、統合された組織的な協働を始めることを指します。持論なのですが、組織的な協働をスタートさせることなく、統合後の組織を横においておく経営戦略、つまり組織統合を伴わない統合を、正しい経営統合と位置づけていません。

　いわゆる正しい経営統合例とは、2つの企業の間のM&Aの後の経営組織統合でしょう。あるいは、1つの企業が別の企業のある事業部門を買収して、自社の中に組織的に組み込もうとするのも統合の例といえます。そして、さらには、国際的に連携関係にある2つの企業の研究部門が共同プロジェクトを組んで、1つの目的の研究開発を真に統合的に行うことも、その範疇であると考えます。本書ではこのような外部の経営環境の獲得を広義の意味で「アウトサイド・イン」として表しています。

　M&Aの例をとれば、世界全体でのM&Aの規模は2010年で2兆2,500億ドルと、同年のイギリスのGDPとほぼ同じ規模です。日本企業に目を向けますと、その総額は2008年には700億ドルで、リーマンショック後の2009年には280億ドルまで落ち込みましたが、東日本大震災が起きた2011年には840億ドルの高水準まで回復しています。そして、翌年の2012年に1,000億ドルの大台を超えると、2013年は1,010億ドル（約11兆円）をマークしています。このように、日本でも、成熟期を迎えた多くの産業で互いの経営資源を活用することで企業の成長を図るという、積極的なM&A戦略がとられているのです。

　その目的は市場や販路の拡大、新規事業立ち上げを狙ったものなどさまざまですが、ほとんどのケースで一定のシナジー効果[61]の出現を、双方の株主に強くアピールしていいます。しかし、本来狙いとしていたシナジーは、合理化や効率化として表れることが多く、企業成長をもたらす効果が期待通り現れて株主を満足させるケースはごく稀で、その成功率はおよそ10〜30％という低水準であると調査機関は伝えています。

その低調なパフォーマンスの理由は、基本的には組織統合の難しさにあると私は見ています。つまり、M&Aで獲得した経営資源を統合後にどう扱うべきか、そしてその価値をどのように高めていくか、それが難しいのです。企業の「みらい創り」は、市場で買い物をするような単純なものではないのです。

　そんな中、京都に本社を置く日本電産株式会社は、アウトサイド・イン経営を積極的に進めています。会長の永守重信氏は事業の増強を図るべく、本業のモーター事業だけではなく電子部品や材料、そして新規マーケットの獲得をめざした事業統合を実施し、急成長を実現してきました。主力は小型・大型モーター、精密機器・電子部品などの製造と販売で、2018年3月期の売上高は、1兆4,880億9,000万円（連結）。従業員数は、10万7,554名（連結・2018年3月末現在）です。

　永守氏は常にマーケティング（市場）戦略を意識したM&Aを実践しています。1989年、日本電産が実施したM&A第1号は有力な電源装置企業で、アウトサイド・イン後の「モーター&電源」というマーケット拡充を強く意識したM&Aでした。その後も、「新たな産業領域創造による1兆円企業」という壮大な目標をたて、こつこつとM&Aを繰り返して実施してきました。

　近年では、2017年に行ったEmerson Electric Co.のモータ・ドライブ・発電事業の買収で成功を収めています。売り手先の企業である北米に本社を置くEmerson Electric社が展開する事業は、電気や電子部品の開発、製造、販売などです。産業向けのほか、一般向けにもサービスを提供しています。売上高は、2015年9月期で22億3,400万米ドルです。

　同社がEmerson Electric Co.の事業を買収した目的は、産業・商業用事業の成長力を高めるためです。この買収の前に、別の2社の企業を買収し、グローバル規模での市場基盤を固めて、取り扱う製品の拡充を行っていました。今回の買収も、さらなるマーケティング戦略を進めるための買収といえます。

　Emerson Electric Co.は、ヨーロッパと北米に強固な地盤を持つ企業です。買収を実行に移すことで、該当エリアでの販売事業を獲得できるほか、自社製品と絡めた製品の提供と、細かなニーズに応えられる体制を整えました。日本電産は、買収を行うことで関連商品の購入によるシナジー効果を期待したといえます。

アウトサイド・インの場合、事業統合のほうが効果的に成長を後押しすると、一般的に見られてきました。日本電産の経営統合が事業統合型であることがそれを現しています。自社の事例で恐縮ですが、富士ゼロックス㈱は2000年2月、ケミカルトナー開発と量産化を目的に、日本カーバイド社のトナー事業と富山県滑川市の生産工場を買収しました。そして、同年10月にはカーバイド社の当該事業部門を経営統合して、富士ゼロックス100％出資による「富士ゼロックスイメージングマテリアルズ株式会社（当時）」を設立しました。滑川市でケミカルトナーを製造することとなったこの事業統合は成功事例に当たるでしょう。

　日本電産や富士ゼロックスの事業統合が「アウトサイド・イン」の好事例として評価できるのは、国際的な販売マーケットの獲得や、これまでにないエコシステムを最終ゴールに定めるという、現在のSDGsのような新たな目標を掲げた経営戦略を実践したことにあります。遠く輝く目標を頼りにしつつ、目の前のハードルを着実に越えていくという方法は、現在私たちがカレッジでも取り組んでいる新規プログラムの実践モデル開発工程にも当てはまります。事実、このSDGsを掲げながら、足元の社会課題をクリアしていく方法が、被災地支援や震災復興というオープンイノベーションを成し遂げたことは、これまで各章で説明してきたとおりです。

　日本電産が徹底したガバナンス経営を統合した企業に対して実施することは有名ですが、富士ゼロックスのカーバイドの事業統合でも、画質の再現性テストや評価を素早く実施するため、その新組織に同じ神奈川県海老名市に勤務するプリンターエンジンの開発者が加わるほか、カーバイド出身の開発者と米Xerox社の研究所のメンバーが加わるなど、プ

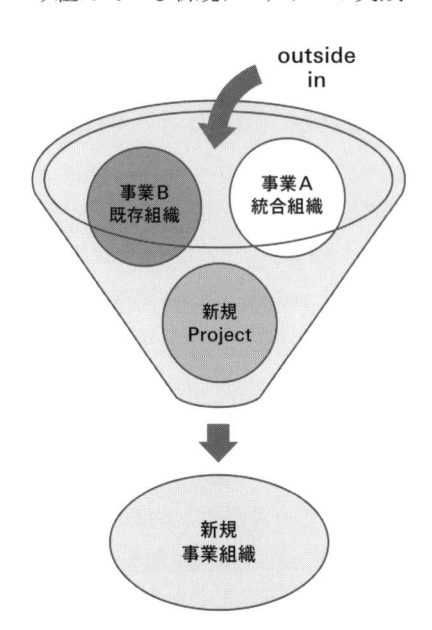

図表2　企業のみらい創り；成功する「事業統合」

ロジェクト検証型の開発が実践されました。もちろん、日本電産も北米の販売拠点や新統合組織を立ち上げ、混在一体とした多様な組織や個人によるグローバル規模の新規事業プロジェクトをスタートさせています。

　これは、組織成功の循環モデルになぞらえるのなら、多様な組織や人と、非日常の状況の中、みんなの未来をめざしたという「みらい創り」の進め方の典型的な手法です。このグローバルプロジェクトの場では、多くの対話や議論がなされて関係性の質が強化され、関与者の思考や行動の質が変化したことは、私自身の研究論文と発表[*62]で紹介しています。

　日本電産の永守氏は、特に海外の企業を統合した際には、じっくりと意識改革に取り組むこととされています。そして統合後の組織統合にも配慮を忘れず、決して人員整理は実施しないといいます。もちろん、統合後の転売を念頭に入れていませんので、社員の協働意識が高まり組織力が強固になるのです。

　従って、企業の「みらい創り」に必要な経営統合戦略の論理とは、外部（アウトサイド）から獲得した事業（ビジネスシステム）をマーケット戦略や自社技術に取り込み、既存の市場や技術環境を力強くリーディングすることをめざし、独立した研究組織等を立ち上げるなどの組織統合を実践すること。そして、自社のあるべき姿を高く置き、市場開発や技術開発などの競争力強化に向けて、獲得した資源をベースにして多様な組織や人によるグローバルプロジェクトを実施すること。つまり、経営統合の成功の論理とは、「アウトサイド・イン」する資源とドラスティックな目標を基に、協働的かつ実践的な組織の循環モデルを創造して技術や販売システムなどを進化させることなのです。

　経営統合を戦略的に実施し、強固な経営体質へと変革するためには「統合相手のビジネスシステムや収益システムを取り込むこと」と主張したのはクリステンセンでした。この論理に加え、私たちが経験してきたSDGsを掲げた企業戦略のもとで取り組まれる関係者間の質を高めたプロジェクト活動などが、新たな技術を生み出そうとする思考の質を変化させ、新たな企業組織の行動の質も変化させ、最終的に結果の質も飛躍的に変化させること、これが、企業の経営統合による「みらい創り」の論理なのです。

　加えて、このような経営統合の機会を活かす意味でも、統合後の「みらい

創り」を意識した企業戦略を持つことが、とても重要であることは言うまでもありません。自社にはない技術だけでなく「組織が持つケイパビリティ」を効果的に「アウトサイド・イン」し、企業価値を高めようとする"統合後のポスト戦略"も、企業の「みらい創り」のあるべき形の1つとして評価されるべきでしょう。

　これらのことから、今後、自社の「みらい創り」を念頭にした経営統合（主に事業統合）を進める日本企業は、「変革を実現するための全く新しい目標を掲げてオープンイノベーションの機運を醸成した後に統合を実施すること。そして、グローバル規模のプロジェクトなどにより両社の機能や事業の統合を組織的に進めていくような戦略をとるべきである」というのが私なりの分析と考え方です。そして、さらにそれを進めて既存事業からの転換を図るのであれば、「既存技術との相乗効果が期待できる技術や市場を選択し、獲得した事業をベースにイノベーションを図るべきである」と考えます。そのような経営戦略を提案すれば、統合対象となる海外企業においても、自社の将来性や経営統合の必要性についての賛否が正しく審議され、互いの統合プロセスをスムースに進めることができるのです。

2：正しい「アウトサイド・イン」による "攻めのCSR経営"

　ところで、CSRといいますと、一般に社会貢献活動と同義語に扱われてしまうことがままあります。雑誌社の調査項目[63]には、①CSR全般、②ガバナンス・法令順守・内部統制などのコンプライアンス関連、③人材雇用・人材活用などの人事関連、④消費者；取引先対応などの顧客関連、⑤社会貢献、⑥環境対応、などがあげられ、総合的なCSR判定がなされています。

　元富士ゼロックス社長（元キリンホールディングス社外取締役、国連グローバルコンパクトネットワークジャパン代表）の有馬利男氏は常々私たちに、「CSR経営とは、社会性と経済性の全ての領域で手を抜かない経営」である、と強調されていらっしゃいました。その経営に近づくために、企業は前述の「アウトサイド・イン」を正しく理解する必要があります。それを企業の内部と外部の視

図表3　Inside & Outside Approach for Enterprise

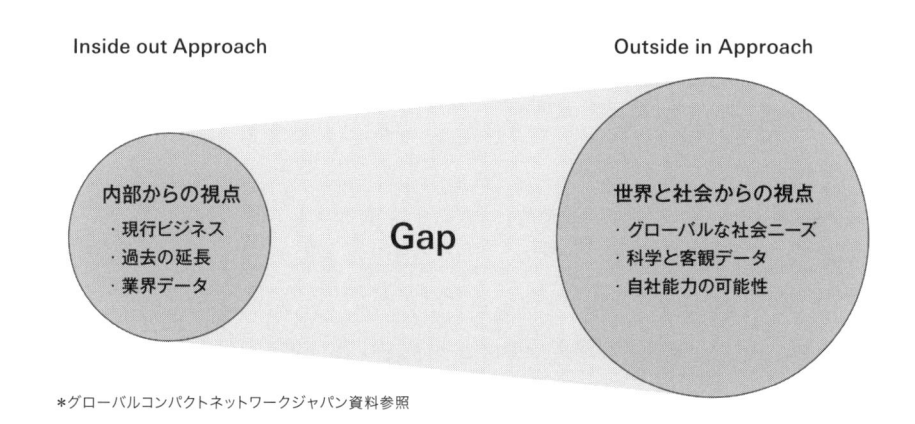

Inside out Approach　　　　　　　　　　　　　　　Outside in Approach

内部からの視点
・現行ビジネス
・過去の延長
・業界データ

Gap

世界と社会からの視点
・グローバルな社会ニーズ
・科学と客観データ
・自社能力の可能性

＊グローバルコンパクトネットワークジャパン資料参照

点で表したのが図表3です。

　「科学的で客観的なデータに基づいて、グローバルな世界と社会（アウトサイド）の視点で新たなニーズや課題を把握・獲得（イン）すること、そして過去の延長線上ではなく、共創的な発想力で自社の能力の可能性の最大化に挑戦すること」こそが、これからの経営者になくてはならない視点なのです。

　有馬氏とは、私たちがSDGsを理解する際に何度も話し合ったのですが、石化燃料頼りの成長主義はもはや発展途上国にも見放されてしまいます。スケールエコノミーを狙った経営統合は、共生社会には通用しません。私たちに今求められているのは、社会的責任をベースに真剣にコンプライアンス・マネジメントに取り組み、新たなパーパスのもとで社会課題解決に挑むことです。そうした姿勢を経営戦略に取り入れたのが、守りのCSR経営であり、その代表格が前述のコンプライアンス・マネジメントだといえます。そしてその先に、SDGsに到達することをめざす"社会になくてはならない企業"像があります。それに向かってグローバルな世界と社会の視点で、新たなニーズや課題を把握して自社の能力の可能性の最大化に挑戦することが、企業が経済性と社会性の指標の同時達成をめざす到達点です。

　前述の日本電産や富士ゼロックスによる統合戦略は論理的なアウトサイド・

イン事例でしたが、全ての経営統合がこのような論理に基づくもので実施されているわけではないことは、昨今の事例を見れば火を見るより明らかです。自社にないものを加えて経営を高みに導くという方法は、経営史を紐解いてみても決して誤りではありません。しかし、企業経営には、それと並行して正しい「アウトサイド・イン」アプローチを戦略的に進める論理がどうしても必要になるのです。

　一般論ではありますが、戦略的に外の力を取り込む「アウトサイド・イン」経営で企業規模の維持拡大を図ってきた企業は、カネとモノという2つの資源を「アウトサイド・イン」することに偏重しがちです。多くの企業がスケール（規模）とエコノミー（経済）の観点での経営統合を実施することがそれを示しています。かつて都銀といわれていた首都圏の銀行が、グローバル金融市場に対応すべく「メガバンク」化へと雪崩を打ったように進んでいったことは、多くの方々の記憶に新しいことと思います。その後、メガバンクはさらなる整理や統合を繰り返します。本業やこれまでの金融業界のニーズを中心にした経営行動から、グローバルな社会のニーズの視点での自社能力の可能性を高める方向への転換が、いかに難しいかが、この事例からわかります。

　統合した企業の顧客との関係性を高める仕組み、組織や人材が保有する実践知、そして既存技術と新規技術の相互作用など、企業価値だけでなく市場価値や顧客価値を高めあう力（ビジネスシステム）を「アウトサイド・イン」しなくてはならないことは前節で触れました。繰り返しになりますが、その具体的な方法の1つは、前節でも触れたように企業組織に必要な持続可能な新たな目標（SDGs）を掲げることです。SDGsを企業組織の新たな目標として経営の方向性を大きく変化させている欧州の企業は、こぞってこれまでの経営戦略の視点を変える「パーパス・チェンジ」[64]を唱えています。そして、これこそが企業のめざす「みらい創り」の出発点なのです。

　前述の有馬利男氏に、私が教鞭を執っている法政大学や横浜国立大学での講義内容に関して教えを請うた際、「企業利益をエンジンとして社会課題解決という山を登ること」、そして「その到達点がこれからの企業の新たな目標（SDGs）であること」を学ばせていただきました。一例ですが、学生が就職先を選択する視点も"成長至上主義の老舗企業からの脱却"をしていることに

驚かされ、大変安心しています。「パーパス・チェンジ」時代の企業経営とは、成長至上主義の"力の経営"ではなく、「パーパス・チェンジ」に基づいた"共創経営"をめざすことであり、これが正しい「アウトサイド・イン」による攻めのCSR経営だと私は考えます。そして、そのために必要不可欠なのが、企業や行政組織がSDGsを掲げた新たな事業創造に取り組むことなのです。

3：攻めのCSR経営実現に必要なものさし

　「パーパス・チェンジ」を企業や行政組織の政策方針改革とした場合、自社組織や現在の資源をベースにどこに向かうのかを考えるのではなく、自社にない資源獲得もいとわず「共創」という目標を持ってSDGsを掲げることから始めなくてはなりません。しかし、これは簡単なようで困難な選択肢なのです。というのも、3年ないし4年以内での成果や結果を求められる今の経営者や地方自治体の首長は、現在の財政力、技術力、人材力、そして情報力を武器に、これまでのやり方を踏襲するという「現実的な経営」をどうしても選択してしまうのです。その経営者や首長さんたちに、「未来に向けてSDGsを掲げましょう。新しい事業や政策に転換して、外部からの提案や資源を積極的に受け入れましょう。そして、自社や自組織にイノベーションを起こしましょう」といった未来志向の考え方をぶつけるためには、どうしてもビジョンやコンセプト、そして「みらい創り」を推し量る指標（ものさし）が必要なのです。

　日本のCSR経営の現状を見てみると、政府による体系的なCSR政策は存在していませんでした。しかし、2004年には経済産業省の下に「企業の社会的責任（CSR）に関する懇談会」（座長：伊藤邦雄・一橋大学教授）が設けられ、CSRについて議論されています。この懇談会では、「CSRは『企業の自主的な取組』を基本とすべきであり、その取組は企業単位の自主性、多様性、独創性を確保することにより促進されるべきである」とされていました。

　その一方で、政府の取り組みについては、「CSRの普及啓発、環境・インフラの整備」と「社会的課題の明確化」をあげるにとどまり、経済団体やNGOとの協働で行うことが強調され、政府独自の政策課題とは位置づけられていませんでした。さらに、CSR政策の主体についても、「省庁間における連携を密

にし、積極的に情報交換を行い、関係省庁の取組の整合性・協調を図りなが
ら、企業の取組を支援していくことが重要である」と述べるにとどまり、CSR
政策の担当部局や調整部局を設けるべきとの提言はなされませんでした。

　CSRに関する日本政府内のもう1つの動きは、内閣府における社会的責任
に関する議論です。これは、2007年に当時の安倍内閣が閣議決定した「長期
戦略指針「イノベーション25」」の中に、「国民生活における安全・安心の確
保のため、法令や規制の枠組みを超えた企業等の自主的な取り組みを促す
環境の整備を目的として、事業者団体、消費者団体、労働組合、投資家、そ
の他のNPOの代表、専門家及び行政により構成される「社会的責任の取組
促進に向けたステークホルダー円卓会議（仮称）」を開催する」との構想が盛
り込まれたことに端を発します。この構想を実現すべく、企業、経済団体、消
費者団体、労働組合、NGO、研究機関などの各ステークホルダーが参加す
る準備委員会が設けられ、そこでの議論に基づいて、2009年に「社会的責任
に関する円卓会議」が発足しました。そこで議論された「イノベーション25」
という考え方は、2025年までを視野に入れ、「豊かで希望に溢れる日本の未
来をどのように実現していくか」という観点からつくられたものであり、黒川清・
政策研究大学院大学教授を座長とする「イノベーション25戦略会議」での議
論をもとに策定されたのです。これがSDGsの主流化の動きへとつながって
いきます。

　2010年代に入りSDGsに関するイニシアティブが発表されるやいなや、政
府の方針として地方自治体に対して、2030年を期限とする17の開発目標で
あるSDGsの推進は、地方創生に資するものであり、その達成に向けた取組
を推進すべきとの示達がなされました。そして、2017年の閣議決定では、地
方創生の一層の推進に当たっては、SDGsの主流化を図り、SDGs達成に向
けた観点を取り入れ、経済、社会、環境の統合的向上等の要素を最大限反
映すること。そして、全国の地方公共団体等による地域における自律的好循環、
持続可能なまちづくりをめざした取り組みを推進することで、政策推進の全体
最適化、地域課題解決の加速化等の相乗効果を創出し、地方創生のさらな
る実現につなげる、との具体的な政策として明示化されたのです。

　一方、欧米と日本の社会貢献への取り組みを比較すると、1世帯当たりの

寄付の額が欧米では年間約6万円、日本では約3,000円という報告があります（日本フィランソロピー協会）。寄付額だけでは単純に測れないと思いますが、それでも日本が欧米諸国に比べて遅れをとっているのは確かでしょう。

　昨今、企業では、SDGsに対する関心が一気に高まってきました。それは、2015年9月の「国連持続可能な開発サミット」において、193の加盟国の全会一致で「持続可能な開発のための2030アジェンダ」が採択され、SDGsが掲げられたことによります。SDGsのめざすべき"Leave no one behind"（誰一人取り残さない）という言葉に、その理念が凝縮されています。

　しかし、一方では企業の社会貢献をどのように評価したらよいのか、という課題も浮き彫りになっています。自社の社会貢献がどのように評価されるべきか、これは社会貢献に携わる部門はもちろんのこと経営陣にとっても頭の痛い問題です。というのも、自社の活動に必要なコストがブランディングに見合った内容になっているのか、または自社の人材が活動に与える影響はどの程度のものなのか等を、経営者が目に見える形で検証して活動の是非を判断するすべがなかったからです。つまり、社会貢献活動の社会的インパクトを測る指標や評価軸がなかったということなのです。

4：CSR経営の社会的インパクト評価と　その検討の持つ意味

　日本財団がサポートする"社会的評価インパクトイニシアティブ（Social Impact Measurement Initiatives）"によれば、企業の社会貢献活動の社会的インパクト評価とは、「短期・長期の変化を含め、事業や活動の結果として生じた社会的・環境的な変化、便益、学びその他効果を定量的・定性的に把握し、事業や活動について価値判断を加えること」とされています。また、社会的インパクト評価を行う目的は、大きく2つ「事業や活動の利害関係者に対する説明責任を果たすこと」及び「事業や活動における学び・改善に活用すること」があげられています。

　企業としては、自社の社会貢献活動が社会にどのような変化や効果を与えているのかを、定量的かつ定性的に評価する手法を確立し、社会的インパク

トをまずは「見える化」したいというニーズがあります。そして、当該活動の社会的意義や成果を客観的に認識し、持続可能な活動に発展させ、地域社会の問題解決に貢献することを当面の目標にしたいと考えています。また、将来的には自社のステークホルダーにその社会的インパクトを訴求し、持続可能な活動に発展させて企業価値を高めたいと考えているのです。

そのために必要なのが、戦略的グランド・メイキングという手法です。それは、事業計画策定、実施、評価、事業見直しという一連のプロセスを事業実施効果の最適化という観点から体系的に整理・モデル化したものです。そのプロセスは、プログラムの前提となる論理の明確化から始まり、プログラム・オフィサー[*65]が中心になり、社会貢献活動のミッション、事業目的、利用可能な資源等を踏まえて最終的にロジックモデルを策定します。ロジックモデルとは、企業組織などの「資源（Resource）」を対象となる団体やコミュニティに「投入（Input）」した場合、どのような「産出物（Output）」が生み出され、その結果どのような「成果（Outcome）」がもたらされ、最終的に団体やコミュニティにどのような「インパクト（Impact）」が引き起こされるかを、「仮に〜の場合〜となる」という因果系列に沿って並べたものです。

グランド・メイキングを活用した社会的インパクト評価によって、企業はまず当該活動をより効果的にすることを目的に据えるでしょう。なぜならそれによって活動の基盤がより強固なものになり、持続可能な取り組みへと進化させることができるからです。また、市場やステークホルダーへのブランドイメージの向上も、その目的の1つになり得るでしょう。それはとりもなおさずその活動自体が顧客への提供価値を高め、多くのステークホルダーから当該活動への共感を得られることにもつながります。そして、従業員に対しても自社を誇る気持ちを植えつけ、自社への帰属意識や社会への参画意識を高めることにもつながるからです。

世界に類を見ない急速な人口減少・高齢化が進展するなか、社会的課題がますます多様化・複雑化し、その課題解決には、従来の行政中心の取り組みだけでは対応に限界があることがわかってきました。そこで、それら社会的課題解決の担い手であるNPO／NGOやソーシャルビジネス等が、自らの生み出す「社会的インパクト」を可視化することで、人材、資金などの資源を呼び

込み、よりよい日本社会を創るために重要な役割を果たしていく必要があります。生み出す社会的価値やその根拠を明らかにし、ステークホルダーへの説明責任につなげていくことで、資金のみならず、意欲や知識・技術を有する人材が公益活動に参画し、社会的課題を解決するための新たなイノベーションをもたらすことにつながると考えられているからです。

その結果、ESG（Environment Social Governance）の情報開示の高まりや社会的インパクト投資の拡大、そして企業の行政やNPO／NGOとの協調的活動意識の高まりなどにより、グローバル規模でその評価指標の必要性が高まっています。

欧米のCSRの特徴を析出した研究としては「顕在的CSR」（Explicit CSR）と「潜在的CSR」（Implicit CSR）の比較が有名です（クレーン, マッテン&スペンス2008[*66]）。マッテンらは、国ごとのCSR活動の違いは、歴史的に形成されてきた「制度」（institution）の違いに起因すると指摘しました。ここでいう「制度」とは、政府や企業の組織体制を意味するだけではなく、政治システムや経済システム、あるいはその国の文化などを包含した概念です。彼らは、これを用いてアメリカ型の制度とヨーロッパ型の制度を比較しています。

個人主義や自由主義が強固なアメリカにおいては、相対的に政府の権限が弱く、政府による経済活動への関与の度合いも少ないとされています。その結果、企業の裁量を尊重する経済政策がとられ、経済活動における企業の自由が重視されます。また、企業は主として株式市場から資金を調達し、人材育成や労働市場においても企業主導の形がとられています。また、文化の面においては、プロテスタンティズムの影響もあり、アメリカでは富める者はその富を社会に還元すべきという倫理観が根強いというのです。

これに対しヨーロッパでは、集団主義や連帯主義の思想が強く、政党、労働組合、経済団体等の利益代表団体、並びに教会や国家への信頼に根ざした文化が根を張っています。そのため、政府の権限がアメリカに比べて強く、政府の経済活動への関与の度合いも大きく、経済政策では企業に義務を課すという手法が多用されるとしています。このような分析から見ると、日本型のCSRはどちらかというとヨーロッパ型といえるのかもしれません。

マッテンらが指摘するように、ヨーロッパのCSRはもともと「潜在的CSR」

という性格が強かったのですが、1990年代に入って景気後退や失業問題、あるいは社会的排除が深刻化するとともに、欧米の多国籍企業が途上国で引き起こす人権侵害が問題視されるようになり、各国政府やEUは企業に対して「顕在的CSR」を要請するようになっていったようです。

その契機となったのが、2000年から2010年までのEUの経済戦略として欧州理事会が策定した"リスボン戦略（Lisbon Strategy）"であり、このなかで、生涯教育、均等雇用、社会的包摂、持続可能な成長に対して、企業が社会的責任を果たすことが明確に求められています。さらに、翌2001年には、欧州委員会がグリーン・ペーパー"CSRのためのヨーロッパの枠組みの促進（Green Paper : Promoting a European framework for Corporate Social Responsibility"）を公表し、このなかで環境問題や人権問題における社会的責任を果たすために、企業は、CSRを取り込んだマネジメント、CSRに関する報告や監査の実施、経営に対する労働者のコミットメントの確保、社会・環境問題に関するラベリングやSRI等への積極的な取り組みなどが要請されています。

5：社会的インパクト評価の手法とツール

以上のような背景から、わが国では行政主導で企業の社会貢献活動の社会的インパクト評価の標準化に対する取り組みが具体的に進められてきました。2016年5月、内閣府が報告書「社会的インパクト評価に関する調査研究」を公開し、6月には骨太方針としてその評価推進が閣議決定されました。そして同月にインパクト評価を推進する民間イニシアティブ「社会インパクト評価イニシアティブ」が発足されました。

そして、多くの企業がその取り組みに同調し、社会的インパクト評価の実践や奨励、ガイドラインや評価ツールの活用及び得られた知見の積極的な共有など社会的インパクト評価の推進に関して、それぞれの立場で可能な限り貢献することに同意するに至りました。

社会的インパクトの評価手法はさまざまありますが、デファクトスタンダード（国際標準規格）ともいえる手法は存在しません。そのなかでは図表4の"Logic Model"、"SROI（Social Return on Investment）"、RCT（Randomized

図表4　社会的インパクト評価のための主要な手法

手法／ツール	評価指標	特徴	備考
Logic Model	定量・定性	事業がその目的を達成する（成果）に至るまでの論理的な因果関係を明示化した手法で、インプット、アウトプット（活等）、アウトカム（成果）で示される	因果関係を論理的に表しているため、最も一般的に活用されている手法　政策評価やODA評価の現場で多く活用
SROI	定量	事業により投入したもの（資金、時間、現物寄付など）と成果（経済、環境、社会や文化）を貨幣価値換算して評価する手法	寄付金や助成金、開発のための銀行の投入資金、財団などで多く使用。ステークホルダーが分析に関与することで、分析結果の妥当性が高められる
RCT	定量・定性	事業（介入）ありなしの効果を比較検証し、事業による社会的インパクトを厳格に評価する手法	医療や教育分野で活用される（専門的な知識が必要）

Controlled Trial)"の3種類の手法は社会的に認知度が高く、評価事例も公表されています。本書においては目的達成のプロセスと成果を明確に示すことができ、かつ論理的な因果関係を明示化できることから、「Logic Model」分析の手法として、先進事例を分析することにしました。

6：ケース分析「武田薬品工業」

　武田薬品工業では公益財団法人プラン・ジャパン[*67]と共同で「タケダ-Plan保険医療アクセスプログラム」を展開しています。発展途上国の子供たちの健康状態を改善・維持するためには、公衆衛生、栄養改善、医療支援、予防啓発など、それぞれの地域ごとのニーズに合わせた対応が必要となります。このプログラムでは、武田薬品工業がアジアにおいてビジネスを展開しているタイ、フィリピン、インドネシア、中国のアジア4か国において、子供たちの保健医療サービスへのアクセスを改善するきめ細かい取り組みを推進するものです。

　この評価指標を導入することで、活動の目標やそのプロセス全体が明確化され、活動推進時の関係者間の納得性の共有と向上につながっています。また、社会課題解決を実現する事業目標が明確になることで企業のコミットメントが活動全体の推進力にもなっています。そして、この武田薬品工業の長期的な支援コミットとNGOと連携した事業推進により、本活動はタイをはじめと

国名	インプット	アウトプット	アウトカム	インパクト
タイ	903万円	正規授業、または課外授業のカリキュラムで包括的性教育を受けた生徒、教師、保護者の人数16校延べ10,186人	性に関する話題への抵抗感が下がり若年層の妊娠や中絶、HIV／AIDS含む性感染症の危険や正しい性に関する授業をカリキュラムの一部として実施できるようになった	病院関係者やHIV感染者グループとのネットワークが強化され、ステークホルダーとの関係性強化に基づく持続的な実施体制が構築できたまた同県のより多くの学校に性教育を導入することが決定した。
		包括的性教育を学内に普及させるための生徒代表グループの立ち上げ16校、約480人	対象16校の学内で、生徒の相談室が自発的に設定されるようになった	

した4か国の子供たちの保健医療環境の向上に貢献しているのです。例えば、タイではHIV／AIDSの新たな感染者の多くが青少年であることが、深刻な問題となっています。スリサケット県は、首都から離れた遠隔地のため、政府の公共のサービスは機能せず、NGOなどの市民団体による支援も限られています。またこの地域は国境付近に位置するため、人口の流動が激しいこともあり、予防対策が不十分です。本プロジェクトではHIV予防教育を目的として、非公式学校も加えた学校で性教育を実施しています。はじめに対象校を7校に絞り込み、モデル校として重点的に支援して、16校への指導的役割を担うレベルまで育成する方針としてスタート。3年目の中間評価を含み、5年間継続する活動となっています。

武田薬品工業ではLogic Modelを活用して、定量的かつ定性的に活動の評価を実施しています。具体的には事業対象者へのヒアリング調査などを元に収集された評価結果を「インプット」「アウトプット」「アウトカム」「インパクト」の4つのカテゴリーで整理して明示化しています。(図表5)

7：「みらい創り」活動の評価方法とその評価

さて、武田薬品工業のケース分析を踏まえ、私たちもLogic Modelを評価手法とし採用し、試みとして東日本大震災後から復興支援を継続して実施してきた「みらい創り」活動に焦点を当てて、その活動の評価を実施してみることにしました。

その基本的考え方は、ロジックツリー形式に「インプット」や「アウトカム」をまとめることで、関連するステークホルダーの価値を明示化して評価を実施するもので、第三者的な視点で定量評価と定性評価併用してインパクトを表現するものとしました。そして、そのインパクトが活動の目的（Objectives）と達成目標（Vision）に合致しているのかを一目でわかるように評価表の中に表すこととしました。そのロジックツリーは図表6の通りです。

このロジックツリーの特徴は、底辺に事業の目的をすえたことです。それは、事業の目的に沿ったアウトカムとして明示化されているかが評価の第1目標であると考えたからです。

また、インプットには「人材（新規リソース／年）」「設備（リニューアル費用／年）」「資金（カレッジの運用費・市の委託予算／年）」「情報システム（情報管理費／年）」を設定しました。それは年間のインプット総額が定量的に示されることが必要と考えたからです。

さらに、カレッジが有事と平時を意識した学びの場となっていることから、初期アウトカムが長期的なアウトカムへとつながるために、具体的なCSV評価がなされる必要があると考え、中期的アウトカムには関与者の価値向上の項目を掲げました。そしてそれが事業ビジョンとつながっているのかも定性的に点検できるようにしたのです。

▶参考◀ もう1つの評価手法；バランスド・スコア・カード分析

本書ではまず、Logic Modelを社会的インパクト評価手法の第1候補として紹介いたしましたが、別の評価方法としてあげられるのが、バランスト・スコアカード（Balanced Scorecard；以下BSC）です。BSCはロバートS. キャプラン（ハーバード・ビジネススクール教授）とデイビッドP. ノート（バランスト・スコアカード・イニシアティブ社長）により開発された、戦略的組織マネジメントシステムです[68]。そのコンセプトはさらに進化を続けていますが、本質的には「財務」「顧客」「内部プロセス」「学習と成長」の4つの視点で、組織のビジョン・戦略を全職員に誤解なく伝えて、組織が一丸となって目標に向かうための仕組みです。

図表6 「みらい創り」活動の評価例

復興推進室の「みらい創り」活動の評価；例「遠野みらい創りカレッジ」の社会的インパクト

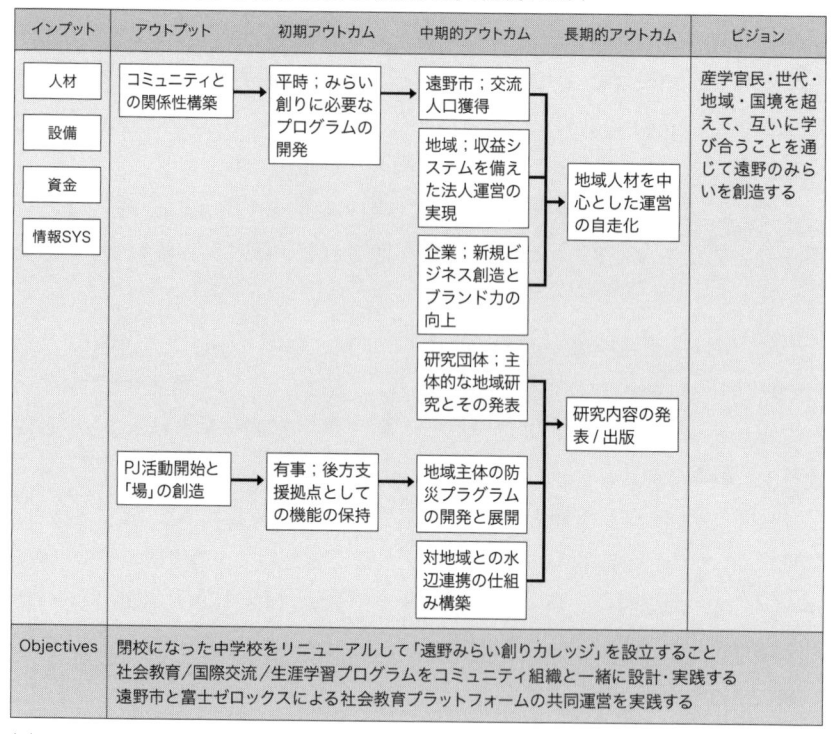

参考：もう1つの評価手法；バランスド・スコア・カード分析

　今日では一般産業界のみならず、ヘルスケアの分野にも世界中で広く導入されるようになり、日本でもすでにいくつかの病院で取り入れられています。すでに普及しているクリティカルパスが疾患マネジメントレベルでの有効なツールとすれば，BSCは組織マネジメントレベルでの強力なツールと言えます。

　BSCは評価システムやツールとして位置づけられるのではなく、長期的な戦略目標の達成に向けて、組織の構成員のすべてが持っている「実践知」や「能力」、そして「忠誠心」などを統合化するための戦略的マネジメントツールと位置づけられます（図表7）。さらにいえば、BSCは企業や行政組織がSDGSの主流化をめざす際の、首尾一貫した評価指標へと体系的に変換す

図表7 一般的なBSCによる組織戦略の進めかた

1) バランス度スコアカードの枠組み

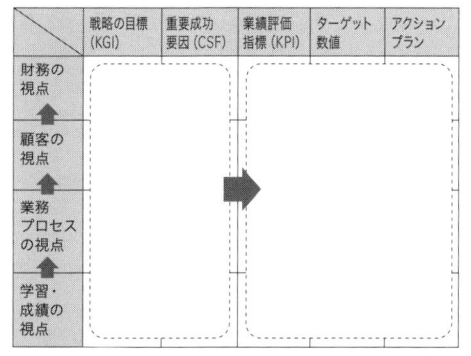

2) SWATによるクロス分析

	機会(Opportunities)	脅威 (Threats)
強み (Strengths)	強みを機会に生かす	脅威による悪影響を強みで回避
弱み (Weakness)	強みによって機会を逃がさないようにする	最悪の事態を想定し対策を立てる

3) 戦略マップ

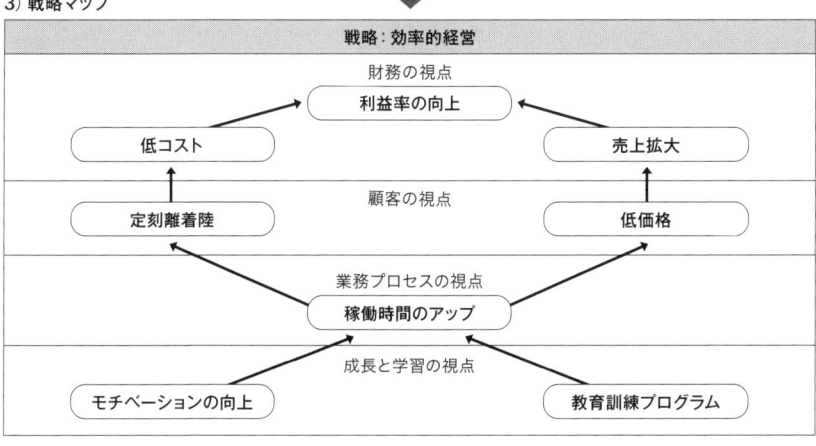

出展：Add-light Journal Colum, Oct.2015

るための枠組みといえ、製品やサービス、業務プロセス、顧客や住民、市場開拓や市民協働といった領域に、飛躍的な変革をもたらすためのマネジメント・システムといってもいいのかもしれません。従って、ロジックモデルが社会的評価の路線図だとすれば、BSCは路線そのものにたどり着くためのナビゲーションシステムと位置づけられると、私は考えます。

図表8 復興支援活動の社会的インパクト評価

● SDGsの「健康的な生活、産業促進」をめざした活動
● 被災地が抱える課題解決を通じて、企業価値（社会性と経済性）を高める活動を今後も実施
● 宮城及び福島のコミュニティ形成に係るソーシャルマネジメント確立が今後の復興支援の軸

インプット	期待効果（アウトカム）	今後の方向性
・人件費；富士ゼロックス社員3人／月 ＊2014年〜富士ゼロックス社員1人／月 ・開発コスト；8,000万円／3年 ＊2014年で終了 ・保守運用費；500万円／3年 ＊現在120万円／年	【中期的アウトカム】 被災地の地域医療連携を支援するために必要な**地域社会の信頼やニーズを獲得するノウハウ** ↓　実践 ・訪問診療支援サービスの提供（3,000万円） ・岩手／福島でのメディカルメガバンク構築支援（1億6,000万円） ・東北地域医療情報連携基盤構築事業獲得（6億5,000万円）	・被災地支援を通じて得られた社会的価値（信用や信頼）をベースに、被災地が抱える課題解決に富士ゼロックスの技術に基づいた解決策をサービスとして提供 ・宮城県／福島県のコミュニティ形成事業支援を通じて、被災地の安全で安心な暮らしを持続的サポート
獲得した価値		
・医療機関と連携した共同開発（仮説／試作／開発／検証）を通じて、地方で求められる医療／**福祉／介護の連携事業モデルの獲得** ・関係者とのコミュニケーションと、包括的なケアモデルの実証を通じて、コミュニティという**新たな検証の場を獲得**	【長期的アウトカム】 被災地の安全安心な暮らしをサポートするために必要な**官民連携のCSV戦略の具現化** ↓　実践 ・釜石での地域包括ケアマネジメント調査（1,200万円） ・女川町におけるコミュニティ形成支援事業（1,200万円）	訪問診療 （記載と閲覧の分離）

8：SDGsを掲げた地域創生の社会的インパクト評価方法

　さて、3章で神奈川県が取組むSDGsの推進活動を取り上げました。そのなかに、経済・社会・環境の三側面をつなぐ統合的な取り組みとして、SDGs推進に向けた行政・民間等のさまざまな主体による取り組みを推進するため、社会的効果を「見える化」する「社会的インパクト評価システム」の導入を図ることが示されています*69。

図表9 「みらい創り」活動の社会的インパクト評価

● SDGsの「住み続けられるまちづくり」「質の高い教育をみんなに」をめざした活動
● 世代・地域・国境を超えて産官学民が連携し、地域の永続的なみらいを創造
● プラットフォームとなるみらい創りカレッジ（遠野・南足柄）を設立。
　地域の特色を活かした防災を基軸にしたまち創りを実践中

インプット	期待効果（アウトカム）	今後の方向性
・富士ゼロックス 社員6人／月 期間契約社員1人／月 ・経費 900万円／年 （交通費、出張費等） ・設備；施設費／社有車 ・富士ゼロックスコミュニケーション手法の提供	【中期的アウトカム】 ・社会の信頼をベースに、富士ゼロックスが開発した「みらい創り」活動を通じて、**コミュニティという新たな塊の市場を創造** 実践 ・みらい創りカレッジという学びの「場」と、そこで集合化される多くの実践知を基に、他組織と連携する協働ビジネスを創造 ・活動する中で発掘した新しいパートナーと連携した人材育成プログラムを開発し事業化（1,500万円／年） ・ビジネスパートナーとしての富士ゼロックスの認知度を上げ、コミュニティという新市場において販社の継続的な売上に貢献（実績：60M円／3年）	・南海トラフなど発生確率が高いといわれる災害時に、被災地の復興支援拠点となり得る場所を特定し、地域の特色を活かしたみらい創りを実践する ・CSVをより意識した活動への見直し ・リーダー的地域住民の掘り起こし ・地域を越えたつながりの創出
獲得した価値 ・地域社会と同期化することで、**地域課題発見から解決までのノウハウを**獲得 ・地域のニーズを具現化する「場」を構築し、**継続的に運営するノウハウを獲得**	【長期的アウトカム】 ・みらい創りカレッジの場（地域・社内外と連携した育成の場）を活用し、**防災／減災をテーマとしたまち創りの標準化の成功** 実践 ・地域住民の減災意識が高まり、自治体の枠を超えた地域内外での自主的な減災活動の実践 ・地域の特色を活かした継続的且つ協働的なまち創りの実践 ・地域人材が育ち、自立的な地域外の産官学民と連携活動の実践	

SDGsがめざす持続可能な社会を構築するためには、民間による取り組みが重要かつ不可欠なのですが、神奈川県の分析では、企業組織は未だCSR的観点からの取り組みが主流であり、本格的なビジネスとして持続的に展開

するための仕組みづくりがなされていないと指摘しています。一方で、世の中の動きとしては、ESG 投資に代表されるように、資金提供側は売上や利益といった財務面に加え、社会的な課題の解決に資する事業を投資対象先として重視されてきています。

そこで神奈川県は、SDGs に取り組む事業者と資金提供側を結びつけるため、取り組みの効果を SDGs の観点から、社会的インパクトとして、定量的・定性的に評価する仕組みを構築し、ファンド投資先企業の事業について、社会的インパクト評価を行うと発表しています。

こうした状況を踏まえ、本書では図表8及び9のようにロジカルで定性的な枠組みを用いながら、「インパクト評価」の有効性を高めるためにできる限り定量的なアウトカムを提示することで、第三者の評価を得やすいようにしました。

まず、インプットの項目では、復興推進室やカレッジが設立されて以来必要となった新規人材等の賃金と情報管理費用が企業の持ち出しであることから、その金額を明示化しました。また社会資本からの投資金額を年間に換算して「設備」費用として表したほか、図表9では年間の業務委託費用（遠野市予算）も明示化することで、年間の収支以外も表記することとしました。

「みらい創り」活動のアウトプットはコミュニティとの関係性とそこで実施された「対話」によって創出されたプロジェクトに基づくものであり、それが初期アウトカムとしての「プログラム開発」につながっています。その初期アウトカムは後方支援拠点でもある遠野市を研究することで得られた「平時」と「有事」の実践活動をスタートとすることとしました。そして、そのカテゴリーから得られた「中期的なアウトカム」を具体的な定量データとしてあらわす事で、第三者にもその効果を判断できるように考慮しました。

本カレッジの最終目標は「地域人材を中心とした自主運営」と「継続的な研究内容の出版活動」です。すでにカレッジのプログラムの大半は地域で運営され、企業のサポートも最小限になっています。また、次世代を担う若者から、カレッジの運営を担いたいとの具体的な声も上がっています。将来はある種の人材バンクによってこの活動が引き継がれ、さらにその数が定量的に評価される日も遠くはないでしょう。

そして、活動を紹介する出版機能により（すでに2作品が世に出されている）、産官学を中心に詳細な活動の過程と成果が紹介されています。これらは「中期的アウトカム」で示したステークホルダーの価値創造が具体的にどのように共有されているかを測るバロメーターにもなっています。

9：SDGsの主流化と　社会的インパクト評価定着化のための課題と展望

本章の最後に、住み続けられるまち創りなど、SDGsの主流化をめざした諸活動を推進する上で必要な、社会的インパクト評価導入効果を示したいと思います。それは、全ての地域で展開されている「まち・ひと・しごと」総合戦略の実効性の効果測定にもつながるはずです。

第1に、展開されている地域における社会的効果が期待できます。例えば、健康等に関連する社会的課題の解決に挑戦する事業や主体の多様化・拡大化が促進された場合には、対象地域においてより質の高い製品・サービスの提供が可能になるでしょう。そして、具体的な社会的課題の解決に向けて、互いの共通創造価値を重視した製品・サービスの開発や提供が促進されます。

その結果、当該地域の生活者は、より効果・付加価値の高い製品やサービスの選択が可能になり、その選択のなかで、関与者から新たな潜在的なニーズや課題が顕在化してくるという、経済的かつ社会的な効果が期待されます。

第2に、展開される地域での環境面において、投入資源（ヒト・モノ・カネ・情報・知識など）を活用して、環境負荷の軽減に向けた最先端技術を活用した研究開発・事業開発が加速されるなど、環境面での貢献が期待できる取り組みが促進されるという相乗効果が創出されるでしょう。さらに、環境改善に向けたさまざまな取り組みについて、その効果を客観的に評価することで、関与者の新たな共通価値を創造することが可能となります。これらは企業のCSR経営におけるエコ調達やゼロエミッションとあいまって、新たな需要創出・市場の拡大が期待されます。

同様の環境面においては、健康等面への影響・効果も併せて「見える化」することで、特に住民の健康への意識・行動の変化が期待されます。例えば、

環境向上と健康管理に配慮した住宅、CO_2 削減とコミュニティ機能強化にも寄与するカーシェアリングや、さらに、カレッジですでに取り組んでいる環境負荷が少なく健康効果が期待される食の地産地消など、健康にも配慮した環境活動がコミュニティを中心に展開・促進されることが期待されます。このような、さまざまな環境改善活動を通じて、住民の健康志向の高まりと具体的な行動変容を支えるコミュニティ機能などの促進効果が期待されるでしょう。

第3に、これらの環境面の効果などは、経済面でも反映されることになります。具体的には、企業組織などの事業体は、多様な関係者からの支援・協力を得ることが可能となり、SDGsへの取組の加速化や拡大化が促進されるなどの相乗効果が期待できます。その結果、経済面ではより高い社会的な効果が期待できる製品の開発等を行うための起業や、既存の企業組織の新規事業推進による多様かつ円滑な資金調達をベースに、企業誘致頼みではない「新規産業創造」の実現が可能になります。

さらに、こうして事業或いは事業者の売上や利益といった従来の指標に、社会的な効果という新たな評価指標を加えることが可能になり、金融機関・事業会社・個人等多様な主体からの投融資拡大が期待されます。

超高齢社会を迎えるなか、医療需給のひっ迫化や介護人材不足、単純労働者の慢性的不足などの社会的課題の解決は、喫緊課題であり、社会的インパクト評価の導入により、社会・環境・経済的効果の「見える化」を図ることで、より環境負荷の少ない最適なソリューションを選択するという行動変容を生み、特に環境面では、CO_2 削減などの環境負荷軽減の相乗効果が期待できます。

冒頭でも触れましたが、欧米ではグローバル規模でのネットワーク強化、コミュニティ形成を積極的に進めています。その流れは、アジア太平洋地域においても確実に進行しているといっても過言ではないでしょう。他方、日本の戦略的グラント・メイキングのプレゼンスは、残念ながら極めて低いと言わざるを得ないでしょう。というのも、世界第3位の経済大国日本が、グローバル規模のフィランソロピーの分野でほとんどプレゼンスを示しきれていない状況は今後改善される必要があるからです。また、SDGsにおいてもその積極性を示す必要があります。前述の有馬利男氏は、4年前から首都圏の高校生への指導を通じて、企業のCSR経営の重要性を広く訴えています。このような草の

根的な活動が、グローバル規模のフィランソロピー・ネットワークに徐々に参加していくことが求められています。

　また、企業の社会貢献活動の正しい評価を広めていきながら、その活動の連携や連動を、企業間を越えて実施していくことが重要だと考えています。現在、遠野みらい創りカレッジでは、福祉やヘルスケア領域、木材産業振興領域などにおいて、リビングラボの支援を展開しています。このような、研究開発分野での連携については、地域の企業や団体とも協力して活動の幅を広げていくことで、SDGsを主流としたまち創りが、具体化していくことは間違いないでしょう。

　毎年のように自然災害に苛まれつつ、日本は世界がかつて経験したことのない超高齢社会を迎えています。そのなかでも高度成長期に人口が急増した東京都や神奈川県では、全国屈指のスピードとボリュームで高齢化が進むと見込まれています。こうした急激な人口構成の変化は、経済・医療・介護・社会システムなど、あらゆる場面においてさまざまな影響を与えることが懸念されています。

　私たちは、カレッジのような学びあいの場だけでなく、壱岐や白老などの地域にも一層のSDGsの主流化を図りつつ、社会・環境・経済それぞれの主体となる組織が相互に連関して循環的に課題の解決を図るための先進的な取組を進めてまいります。それを全国、ひいては世界へと発展させ、超高齢社会を乗り越えた先にある「持続可能な健康長寿社会」の実現をめざしていきたいと考えています。

注：

*59 1938年にチェスター・カールソンが発明した乾式複写技法であり、1942年10月にUSA特許第2,
297, 691号として特許を取得した技術。帯電／露光／現像／転写／分離／定着／洗浄の7つのプロセ
スで画像を形成する。

*60 八田進二監修「企業不正の理論と対応」、編；(株)ディークエスト、同文館出版、平成23年10月。

*61 1＋1が2以上の効果を生むことを指す言葉。企業が経営多角化戦略を行う場合、新しい製品を追
加した時、単に利益を合計したよりも、より大きな効果が生ずることを意味します。

*62 『不常識な経営が日本を救う』2012年；日本経済新聞出版社、東京理科大学MOT研究会編（共著）

*63 CSR企業要覧、東洋経済、2016年。

*64 『利益や売上げばかり考える人はなぜ失敗してしまうのか』紺野登＋目的工学研究所著（ダイヤモン
ド社, 2013年）。

*65 財団や企業寄付プログラムのスタッフで、プログラムの方針提案、グラント申請の審査、予算管理、
申請書の理事会や社会貢献委員会への提出などの一部またはすべての業務を行う者（ Jane Wei-
Skillern, Nora Silver and Eric Heitz (2013). "Cracking the Network Code: Four Principles for
Granmakers"）

*66 クレーン、マッテン＆スペンス（A. Crane, D. Matten and L. J. Spenc）の編著書においてこの3者自
身もこれら2論文のいわば解題を兼ねつつ「戦略的フィランソロピー」について述べています。

*67 途上国の子供たちとともに地域開発を進める国際NGOで、75年以上の歴史を持ち、世界69か国
で活動を展開する、国連に公認・登録された団体。すべての子供たちが本来の可能性を発揮できる
世界の実現をめざし活動。

*68 1992年、米ハーバード・ビジネス・スクールのロバート・S・キャプラン教授と経営コンサルタントの
デイビッド・P・ノートン博士が、「ハーバード・ビジネス・レビュー」誌で発表した。

*69 神奈川県SDGs未来都市計画、2018年8月。

Appendix

■ Chapter I ; Sustainable Cities and Communities

Create the Future College has been established in April 2014. We dedicate to develop some program for creating the solution of social issues by using communication technology which can put together some knowledge. The main programs are fostering of creative human resources, development of solution for residence issues and creating of brand new industries.

Indeed, we could make it with revenue model, but we started to resale our program to another region and also to let go our social relationship for other research institute on enterprise organization by living-lab. We already received some living-lab form university and manufacturing company. These ware unconventional approach for us. But getting closer to Goal 11: "Sustainable Cities and Communities" of the Sustainable Development Goals (SDGs), I think that organizations of public sector or research section on enterprise should take the unconventional way like living-lab.

We've referenced the creating cooperation space in the last publishing, and we are going to introduce the practice of tactical urbanism in the residence area on this paper. At the same time, our project just shows the activities of future creation and evaluation. Finally, we've tried to construct the logic of scientific for sustainable cities and communities.

■ Chapter II ; Quality Education

Our project serves to contribute to Goal 4: "Quality Education" and Goal 11: "Sustainable Cities and Communities" of the Sustainable Development Goals (SDGs). First of all, community building and human resource development are two key factors in the post-disaster recovery and revitalization of cities. It is of paramount importance to develop new local leaders and to instill hometown pride in the children and young people. Secondly, as Japan faces an aging population with a declining birth rate, educational curriculums of schools in rural Japan need to be supported and complemented by regional educational advisory boards. Hence, there is a need to develop new educational programs collaborated and cooperated across multiple stakeholders in a trust-based relationship.

In the current compulsory education in Japan, children are trained in social adaptation with lessons created based on the foundation of development of human behavior and learning skills. There is a severe lack of opportunities for children to develop their personalities and wield creativity. This results in a discrepancy between the communication abilities between children living in rural and urban regions, which is a sign of the overemphasis in today's education on the development of human behavior and learning skills.

In order to solve this conundrum, it is crucial to bring in active learning programs that have been tested and tried in China and countries in Europe and North America. This allows children to explore their personalities, enhance their creative skills and to proactively think ahead in order to plan for their futures by themselves

Our project is an experiment in revolutionizing the education by using the power of music and art to connect people. Create the Future College in TONO, carried out needs assessments at local middle schools and collaborated with the teaching staff and parents of the students. On the other hand, Mother Earth Project, consisting of students from Tokyo University of the Arts, designed the curriculum of the program that required professional knowledge. The specific aims of this program are created for middle school students to 1) create with an open heart, 2) artistically express the charms of TONO using sounds, 3) love their hometown and learn about compassion and sharing. We carried out workshops as part of this project for a year in order to develop creativity in them. Music and art touch people's hearts and enhance communication. As a result, both the "teachers" and "students" learnt from each other, providing each other with diverse values, changing the way the young participants think and act in the face of a multitude of social problems. This is evidence that we had succeeded in providing "high quality education". This would then lead to the development of local leaders, who will then spearhead the region into the future, creating "sustainable cities and communities"

■ Chapter III ; Industry Innovation and Infrastructure

In this chapter, based on the analyzing of functionality for public sector and community organization, we could indicate the logic of business creation as the view of public administration. The objectives are to contribute increase the interactive population and contain the spill of population. At the same time, through the achievement of the implementation for some scheme, such as sustainable city, creating new industries, and development of human resource in TONO city, we will also make an achievement to establish an environment for food and ingredients on our community, such as service function like a community Cafeteria. We believe the consolidation of the environment will be the regional activation as the mainstream of SDGs No. 9.

As the environment for co-working with some community organization, we will able to maximize the potential of the community through communication using local foods and ingredient, and augmenting the creativity levels of young generation, and we will complete the new functionality as the platform of social education. At the result, we will be going to provide the co-educational square for our stakeholders to support the achievement of industry innovation and infrastructure or creating shared value between social environment and every stakeholder.

■ Chapter IV ; Life on Land and Below Water

Based on the validation and verification of timber industry and cluster in TONO city, we will find out some issue and opportunity in the timber industry. Because, Professor Maruyama on CTHUO

Univ. has been took lead to the verification and filed research into the supply chain of the industry and cluster. First of all, we identified that amount of 80 % timber produced from forest in TONO sold out another region. Secondly, the community organization of timber trade doesn't prevent timber to flow out TONO city and decrease quantity of the trading. Finally, huge amount of chipped timber flow out to the another region too.

By the way, we lost life on Land and life below water. And we've destroyed our future in the moment by attacking Tsunami and nuclear power energy station accident at coast area in Fukushima prefecture. We consider that if our future creation or the capital verification methodology will be useful to resolve some issue or find out the opportunity for the coast area, we would like to contribute the development of mainstream SDGs No.14 & 15. Indeed, the scheme for innovation coast initiatives already start to demonstrate some public event as tactical urbanism. In this chapter, we just mention a couple of solution process not only for timber industry in TONO city but also coast area in Fukushima prefecture.

Everybody obviously understood that Life on land will be limitless for our future, but nature has been remained a threat for globally, and always give us rich source of energy as the natural capital. So we hope that an accounting and future creation method will help to identify new opportunities for prevention of our Life on Land.

■ Chapter V ; Evaluation of Social Impact for Enterprise and Public-sector Organizations

The final chapter focused corporate strategy and assessment tool to create the future for enterprise organization. Recently, strategical corporate social responsibility has been suggested as management strategy. At the same time, the strategy for the creating shared value has been recommended as some linkage for enhancement of corporate value and competitive advantage. On the other hand, corporate social responsibility has been positioned as part of profit economy. It seemed to us that enterprise organization prioritize to make self-profit and doesn't look over a sign of remorse for misconduct or scandals. I think that it will be like putting the cart before the horse.

Now, the mainstream for SDGs will be of particular note for European enterprise organization, but Japanese enterprise cannot follow the global trend like a Europe.

In this chapter, we refer back to some case of poor compliance in last year, so we indicate the analyzing process and result through the real corporate activities by using original defensive or offensive management chart. I believe that final chapter will help to identify our implication as a real offensive management for every corporate organization in Japan. But I think that we should not consider it extremely important to select only Offensive CSR style, because we should base a decision making on defensive management for corporate organization. It will be making us up to the organization for better compliance management and mainstream of SDGs.

あとがき

　本書は、2015年に編集・上梓いただいた『地域社会の未来をひらく』から数えて3作目となりました。1作目は地域の皆様にご投稿をいただきながら、東日本大震災の後方支援活動や、遠野市の文化や伝統に関して私たち自身が深く学習させていただきました。そして2016年に編集・上梓いただいた2作目『学びあいの場が育てる地域創生』では、触れあうように学ぶことをコンセプトに開校した「遠野みらい創りカレッジ」の設立過程と、そこで活用している技術をあますことなくご紹介することができました。

　そして、今回の3作目は、拠点整備が進むカレッジが、さらに地域活性化を推し進めるために必要な「技術」「科学」「新たな目標」、地域社会の活動で言い換えるなら「まち」「ひと」「しごと」創りを推進するための、科学的なアプローチを総合して、SDGsの主流化をベースとした「協働のまち創りの論理」として表すことができました。開校以来、本当に多くの方々にお世話になったことに、この場を借りて深く御礼を申し上げます。なかでも、4章を寄稿いただいた中央大学の丸山佳久先生とゼミ生の皆様、そして遠野でリビングラボを展開中の慶應義塾大学大学院リーディングプログラムの田中徹先生と研究科の皆様に、これまでの活動の御礼と今後の活動への激励を申し上げたいと思います。

　2年前になりますが、神奈川県西地区の活性化をご支援する「南足柄みらい創りカレッジ」が開校となりました。「心と体が潤う場」としてのカレッジでは、SDGs実験Fieldやパーマカルチャーに代表される、遠野とは一味違った双発的な学びあいが進められています。新たな目標にチャレンジしようとしている国内外の企業や研究機関、そして地域コミュニティから愛され活用される"場"になるべく、産官学民の連携を密にして運営にあたりたいと思います。

　これらの取り組みの原点となった岩手県内の「東北みらい創りサマースクール」の実行委員の皆様、そして「遠野みらい創りカレッジ」の後方支援拠点研究会に参画いただいた多くの自治体の職員の皆様には、この場を借りて深く御礼を申し上げます。そして、日頃のカレッジの活動を主催或いはご支援いた

だいた遠野、南足柄、壱岐の各市役所の皆様にも、厚く御礼を申し上げます。

さらに、北海道白老町において、みらい創りプロジェクトが進められ、市民・町民協働のまち創りが本格化しています。災害からの復興に携わられている北海道の皆様にお見舞いを申し上げるとともに、先行して進められている取り組みを活かして、胆振東地区の「みらい創り」に貢献していきたいと考えています。

遠野は厳しい冬がやっと終わり、木々の芽の膨らみに目を見張るような季節になりました。今年は地域の人々とともに、食育カフェの成功をめざした協働作業が始まります。ぜひ、悠久から引き継がれてきた先人の智慧を賜り、皆さんとごいっしょに企画・運営する「場」をさらに進化させていきたいと思います。

最後に改めまして、編集・出版のご指導ならびにご支援を賜りました、水曜社の仙道社長に厚く御礼を申し上げて、あとがきとさせていただきます。

2019年6月吉日

一般社団法人　遠野みらい創りカレッジ
代表理事　樋口　邦史

◎ 遠野みらい創りカレッジとは

東日本大震災の被災地を後方から支援した遠野市と、復興支援を継続的な活動として実践する富士ゼロックス(株)が、行政・企業組織の枠組みを超えて"触れあうように学ぶ場"として2014年4月に開校したのが「遠野みらい創りカレッジ」である。年間延べ約5,000名の人々が「学びあい」を目的に訪れ、農家民泊やField Workなどの体験を通じて、遠野市の交流人口拡大に貢献している。本書は、産官学民が連携して進める「学びあいの場」における「地域創生」のすすめ方を主題としており、関与者の共通価値を創造する「地域マネジメントの論理」を示している。

◎ 執筆

編著：樋口邦史（ひぐち くにし）························· 序章、2章、3章、5章
1983年3月　成城大学経済学部卒業、同年富士ゼロックス株式会社入社、Global Service営業・企画部門を経て、現在、復興推進室 室長。
2011年3月　東京理科大学専門職大学院　総合科学技術経営専攻卒業
2011年4月　東京理科大学大学院イノベーション研究科イノベーション専攻博士後期課程へ進学
2014年3月　同大学院　単位取得満期退学（技術経営修士）。
一般社団法人 遠野みらい創りカレッジ、南足柄みらいづくりカレッジ代表理事。
法政大学現代福祉学部、横浜国立大学経営学部 兼任講師。

著者：田中 徹（たなか とおる）························· 1章の1部を寄稿
1982年3月　東北大学大学院工学研究科卒業
1982年4月　富士ゼロックス株式会社入社、研究所・北米駐在・新規事業部門を経て、現在ソリューション事業部門　技術＆ビジネス主幹
2017年10月　慶應義塾大学博士課程教育リーディングプログラム特任教授（非常勤）
現在、博士課程の学生とともに、岩手県遠野市を中心にリビングラボ研究活動を進めている。

著者：丸山佳久（まるやま よしひさ）························· 4章
1995年3月　中央大学経済学部国際経済学科卒業
1997年3月　中央大学大学院経済学研究科経済学専攻博士前期課程修了
2001年3月　中央大学大学院経済学研究科経済学専攻博士後期課程単位取得満期退学
2009年3月　中央大学大学院経済学研究科経済学専攻博士後期課程修了（会計学博士）
2015年より中央大学経済学部教授
現在、岩手県遠野市を中心に、木材産業にフォーカスした資源価値評価（メソ会計）研究を実践中。

SDGsの主流化と実践による地域創生
——まち・ひと・しごとを学びあう

発行日　　2019 年 6 月 27 日　初版第一刷

編　　者　　一般社団法人 遠野みらい創りカレッジ
発行人　　仙道 弘生
発行所　　株式会社 水曜社
　　　　　　160-0022
　　　　　　東京都新宿区新宿 1-14-12
　　　　　　tel 03-3351-8768　fax 03-5362-7279
　　　　　　URL suiyosha.hondana.jp/
装　　幀　　井川祥子
印　　刷　　日本ハイコム 株式会社

© Tonocollege 2019, Printed in Japan ISBN 978-4-88065-464-5 C0036

本書の無断複製（コピー）は、著作権法上の例外を除き、著作権侵害となります。
定価はカバーに表示してあります。落丁・乱丁本はお取り替えいたします。

文化と
まちづくり
叢書 地域社会の明日を描く──

ローカルコンテンツと地域再生
観光創出から産業振興へ

増淵敏之 著
2,500 円

芸術文化の投資効果
メセナと創造経済

加藤種男 著
3,200 円

想起の音楽
表現・記憶・コミュニティ

アサダワタル 著
2,200 円

ソーシャルアートラボ
地域と社会をひらく

九州大学ソーシャルアートラボ 編
2,500 円

ワインスケープ
味覚を超える価値の創造

鳥海基樹 著
3,800 円

和菓子　伝統と創造
何に価値の真正性を見出すのか

森崎美穂子 著
2,500 円

まちを楽しくする仕事
まちづくりに奔走する自治体職員の挑戦

竹山和弘 著
2,000 円

文化芸術基本法の成立と文化政策
真の文化芸術立国に向けて

河村建夫・伊藤信太郎 編著
2,700 円

「間にある都市」の思想
拡散する生活域のデザイン

トマス・ジーバーツ 著 蓑原敬 監訳
3,200 円

アーツカウンシル
アームズ・レングスの現実を超えて

太下義之 著
2,500 円

コミュニティ 3.0
地域バージョンアップの論理

中庭光彦 著
2,500 円

学びあいの場が育てる地域創生
産官学民の協働実践

遠野みらいづくりカレッジ 編著
樋口邦史・保井美樹 著
2,500 円

地域社会の未来をひらく
遠野・京都 二都をつなぐ物語

遠野みらいづくりカレッジ 編著
2,500 円

全国の書店でお買い求めください。価格はすべて税別です。